바람보다 먼저 누운 언론

탄핵 정국 100일간의 기록

바람보다 먼저 누운 언론

탄핵 정국 100일간의 기록

언론을 걱정하는 포럼

기파랑

책 제목 『바람보다 먼저 누운 언론』은 민중문학의 아이콘이었던 김수영의 시 「풀」을 인용한 것이다. "바람보다도 빨리 눕고 […] 바람보다 먼저 일어난다"라는 시 구절에서 '풀'은 민중을, 바람은 부당하게 탄압하는 권력을 상징한다. 1960년대에 권력은 정치권력만을 뜻했지만 포스트모던 이후 권력은 타인에게 과잉의 힘을 행사하는 모든 힘을 지칭하게 되었다. 그래서 홍준표 자유한국당 대선 후보도 2017년 3월 21일 박근혜 전 대통령의 검찰 소환과 관련, "요즘 검찰은 딱 한 명의 눈치를 보고 있다. 풀은 바람이 불면 눕지만 검찰은 바람이 불기도 전에 눕는다. 미리 눕는다"고 말했다. '대세'로 불리는 문재인 더불어민주당 대권 주자를 의식한 발언이었다. 탄핵 사태 100일간 우리 언론은 촛불 권력, 국회 권력, 검찰 권력 앞에서 바람보다 먼저 눕는 행태를 보여 주었다.

언론을 미워하고 싫어하는 사람들이 너무 많아졌다. 언론이 나라 망친다고 걱정하는 사람들이 너무 많아졌다. 수십 년 보던 신문을 끊고 아예 방송은 쳐다보지 않는다는 사람들이 너무 많아졌다. 언론에 대한 불신 현상이 어제 오늘의 일은 아니지만, 탄핵 정국을 거치면서 그 정도가 더욱 심해졌다. 탄핵 보도가 그 어느 때보다 심각한 언론혐오증을 불러일으켰다. 다들 보통 일이 아니라고 걱정이 태산이다.

언론에 넌더리를 내는 사람들은 탄핵을 둘러싼 사상과 이념의 차이 때문에 그런 것만은 아니다. 그들은 탄핵 전후 과정에서 언론이 보인 일방적이고 편파적인 왜곡과 선동, 천박하고 유치한 선정주의에 혀를 내둘렀다. 왜 그리 기자들은 오만방자한지, 젊은 그들이 벌써 권위주의에 절어 있다고 혀를 찼다.

박근혜 전 대통령이 탄핵되자마자, 아직 청와대에 머무르던 박 전 대통령을 '노동당'이 건조물침입(무단점거) 혐의로 고발했다. 정치적 선전전을 벌여야 하는 정당의 속성상 그러려니 할 수 있는 일이다. 그런데 다음 날 한 신문이 "박 전 대통령 청와대 점거 농성"이란 제목의 기사를 실었다. 아니, 대통령이 무슨 점거며 농성인가. 아무리 탄핵되었다 할지라도 직전 국가원수에게 그런 거친 단어를 동원해 비난하는 것은 언론의 품위를 훼손하는 것이다. 실제 기사는 "대통령의 퇴거 절차에 관한 법규도 없고 전례도 없다"고 했을 뿐이다. 그런데도 마치 대통령이 청와대에서 나갈 기미를 안 보이고 오래 버틸 작정인 것처럼 보이도록, 기사에도 없는 내용을 제목으로 달았으니 왜곡보도라 하지 않을 수 없다. 정당은 '점거'라고 고발했는데 언론은 거기에다 '농성'까지 보탰으니 한 술 더 뜬 셈이다.

정당은 원래 편파적이 되지 않으면 안 된다. 자기들만의 사상과 이념으로 지지자를 모아야 하기 때문이다. 언론은 다르다. 언론의 존재 이유와 목적은 공정성과 객관성에 있다. 기자들도 인간이기 때문에 어느 정도의 편파성은 어쩔 수 없다 할 것이다. 그러나 정당의 편파성보다 언론이 더해서야 되겠는가. 탄핵 정국을 보도하는 언론의 태도가 얼마나 편향적인가는 위에서 예로 든 제목 하나만 갖고도 알고도 남는다.

이것은 사실 빙산의 일각에 지나지 않는다. '최순실 게이트'가 터지면서부터 탄핵심판이 끝나기까지 언론의 보도는 웬만한 단어로는 표현하기 부끄러울 정도로 엉망이었다. 언론의 기본조차 갖추지 못한 보도가 수두룩했다. 언론은 한국 현대사의 일대 사건인 탄핵 사태를 공정하고 객관적으로 보도하는 데 실패했다. 탄핵 법정, 탄핵심판을 여론법정, 여론재판처럼 만들어 버렸다. 이 책은 언론이 본래의 기능과 역할과는 얼마나 동떨어진 보도를 했는지를 조목조목 따지기 위해 펴낸 것이다.

아무리 언론을 증오하는 사람들이라도, 언론의 잘잘못을 구체적으로 알아야 그 증오에 명분과 정당성이 생긴다. 혹 분별 없는 언론 보도에 부화뇌동하거나 과장·왜곡·선동 보도에 현혹 또는 오도된 사람들도 언론의 잘잘못을 올바르게 알아야 미몽과 혼돈에서 벗어날 수 있다. 이 책이 발간되고 읽혀져야 하는 이유들이다.

이 책은 공동작업을 시작하는 글이다. 그러나 '언론을 걱정하는 포럼'은 시간이나 능력 등의 한계 때문에 더 철저하고도 엄정하게 기록하지 못했다. 머지 않아 보다 더 완성된 모습으로 이 책을 다시 펴내야 할 것으로 생각한다. 이 어려운 시기에 흔쾌히 책을 출간해 준 기파랑의 안병훈 사장 등 관계자들에게 깊은 감사를 드린다.

2017년 4월

목차 ————————————————————————

책을 펴내며 4/

1

이정미의 헤어롤

    이정미 헌법재판소장 권한대행은 탄핵 정국에서 언론이 만든 대 스타였다. 언론들이 아무데나 마음대로 사용하기 좋아하는 '국민'이란 수식어를 달면 그야말로 '국민 재판관'이었다. 그에 대한 언론의 칭송은 끝이 없었다. 이 권한대행이 하는 말, 하는 행동마다 언론은 칭찬하느라 침이 말랐다. 거의 우상화, 신격화 수준의 보도였다.

    예를 들어, 언론은 2017년 2월 20일 재판에서 변론 시간을 달라는 김평우 변호사는 '막말로 도발하는 자'로 묘사하고, 이 권한대행은 '요청을 거절하는 합리적 인물'로 묘사했다. 재판 진행에 대한 이의제기를 하는 김 변호사를 막말꾼으로 사정없이 깔아뭉개고, 이 권한대행은 엄정한 판관으로 한껏 치켜세웠다(언론은 김 변호사가 이날 언급한 '당뇨'를 두고도 심한 비판을 했다. 이 부분은 제7장에서 다루겠다).

그러나 이 권한대행과 김 변호사 사이에 오간 대화의 전문全文을 몇 번 읽어 봐도 이 권한대행이 과연 그렇게 합리적인 사람인지 납득하기 어려웠다. 이 권한대행이 왜 변론 시간을 더 주지 않았는지 명확하고 합리적인 이유가 보이지 않기 때문이다. 그는 "다음에 기회를 주겠다"고 말할 뿐이었다. 그러면서 거듭 "재판 진행은 저희가 하는 겁니다"라고 말했다.

그날 재판이 하루 종일 진행된 것도 아니었다. 오전 10시부터 시작해 12시까지 겨우 2시간 진행되었을 뿐이다. 재판을 경험해 보지 않아 잘은 모르겠다. 그러나 2시간 재판이면 재판관들이 힘들어 못 견딜 상황은 아닐 것이다. 더욱이 탄핵 재판이 매일 열리는 것도 아닌지라 헌법재판관들이 재판피로증에 시달리지도 않았을 것이다.

군이 왜 오전에 재판을 끝내려 했는가? 역사적으로 중차대하기 그지없는 재판이라면 때론 밤을 새워서라도 해야 하지 않는가. 김 변호사의 변론이 얼마나 오래갈지 모르지만 이 권한대행이 "지금 12시가 되지 않았습니까"라고 변론을 막는 것이 과연 합리적인 처사인가? 김 변호사 말처럼 "꼭 재판을 12시에 끝내야 하는 법칙이 있는가?" 법정에 대한 지식이 부족한 탓인지 모르지만 재판은 무조건 낮 12시에 끝나야 한다는 말은 들어 본 적이 없다.

스타 재판관의 권위주의적 행태

아무리 재판의 진행은 재판장의 고유 영역이라 할지라도, 명색이 변호사가 변론 요청을 하면 합리적인 이유를 들어 거절해야 할 것 아닌가. 사정이 이러저러하니 다음에 변론을 하는 것이 어떠냐고 변호사가 납득할 수 있도록 설명하는 것이 재판의 권위를 훼손하는 것인가? 대한변호사협회 회장을 지낸 원로 변호사니까 예우 차원에서라도 좀 더 관대하게 재량권을 행사하는 것이 좋지 않았느냐고 굳이 지적하는 것은 구차한 일이다. 점심시간이 되었으니 식사를 해야 하지 않느냐고 하든지, 재판을 속개할 수 없는 분명한 이유를 밝히든지, 아니면 다른 재판관들의 의견을 구해 짧게라도 시간을 주는 것이 합리적인 재판 진행일 것이다.

김 변호사가 구걸하듯이 거듭 요청을 하는데도 "무슨 내용입니까? 꼭 해야 합니까?", "다음에 기회를 주겠습니다." 이런 궁색한 거부 이유가 어디 있는가? 무엇보다 변호사가 아니라도, 무언가를 요청하거나 부탁하는 사람에게 "꼭 그것을 해야 하느냐"고 되묻는 것만큼 난감한 질문이 있을까? 살면서 이른바 '을'의 처지에 있어 보거나 있는 사람이라면 실감할 것이다. 그것은 부탁을 들어주지 않겠다는 냉정한 거절이나 다름없기 때문이다. 안 들어줄 것이 뻔하면서도 "꼭 해야 되느냐, 꼭 원하느냐"고 묻는 갑 앞에서 을은 야속을 넘어 원망스럽기까지 할 것이다.

법정에서 재판장은 지존의 '갑'이요, 변호사는 '을'에 불과하지 않은가. 그런 갑이 을에게 "꼭 해야 합니까?"라고 물으면 을은 "하지 않아도 됩니다"라고 대답해야 하나? "해야 합니다"라고 하면 억지를 부리는 것으로 비쳐질 것이 분명하니 그런 질문은 아예 하지 않는 것이 상대를 최소한이라도 배려하는 모습일 것이다. 더욱이 "재판 진행은 저희가 합니다"라는 발언은 수십 년 경력의 변호사에게 할 말은 아니지 싶다. 어느 변호사가 그것을 모르겠는가. 변호사라면 재판장의 진행에 이의를 제기할 수 있는 것 아닌가. 합리적 반박으로 이의를 묵살하면 되지 새삼스럽게 재판 진행의 권한만을 내세우는 것은 막무가내 거부에 가깝다. 이정도면 재판장의 권위가 아니라 옹졸한 권위주의라 비판받아야 마땅하다.

언론도 일방적으로 김 변호사의 문제만을 지적할 것이 아니라 이 권한대행의 재판 진행의 문제도 지적했어야 마땅하다. 그것이 언론의 공정성이고 균형성이 아닌가. 재판 진행은 불가침 성역이 아니다. '공정한 재판'을 위해 얼마든지 지적받고 비판받아야 하는 것이다. 언론의 할일이 바로 그런 지적과 비판 아닌가.

이 한 가지 경우만 보더라도 언론의 편파성은 확연히 알 수 있다. 통진당 해산 결정 때만 해도 "진보적 판관이라 불리던 사람이 보수로 돌변해 해산 찬성을 했다"며 이정미 당시 재판관을 비꼬고 비판하던 언론의 돌변이 놀랍다.

해프닝 이상이 된 헤어롤러

이 권한대행에 대한 언론의 칭송은 '헤어롤러hair roller'(국어사전에는 분명히 '롤러'라고 적시되어 있다. 언론은 왜 '롤'이라고 표기하는지?) 해프닝에서 절정을 이루었다. 그것은 칭송을 넘어서 미화였다. 과장이 지나쳐 아부로 비칠 정도였다. 언론의 편견과 선정주의가 도를 넘어 왜곡의 수준에 도달했다 해도 지나친 말이 아닐 것이다.

머리 손질을 제대로 끝내지 않은, 실수 또는 부주의한 행동이 어떻게 '일하는 여자의 참모습'으로 미화될 수 있는지,

아연실색할 따름이다. 더욱이 헤어롤러가 달려 있는 머리를 박 전 대통령의 올림머리와 비교를 하는 기사에 이르러서는 악의적 의도를 의심하지 않을 수 없다. 자신들만의 잣대로 사건이나 사안을 재단하면서 세상의 상식을 뒤집는 것을 보면서 언론의 횡포를 실감하지 않을 수 없다.

그냥 아무런 선입견 없이 평상심으로 생각해 보자. 세상에 어느 여자가 출근을 하면서 옷매무새나 머리를 흩뜨린 채 집을 나서는가? 특히 여자들은 머리에 굉장히 민감하지 않은가. 시간이 없어 머리를 못 감았다면 모자를 쓰거나 여러 가지 장식으로 조금의 흐트러짐이라도 가리려는 것이 여자의 본능이 아닌가.

꼭 판사나 변호사, 의사와 같은 전문 직업인들이 아니더라도, 일터에 출근하는 모든 여성들은 아침이 바쁘다. 기본적인 차림새 가꾸기에 많은 시간이 든다. 거기에다 남편이나 자식들 아침식사까지 건사해야 하는 여성이라면 더욱 정신이 없을 것이다. 그러나 그들은 아무리 바쁘다고 해도 자신들의 겉모습에 허점을 결코 드러내지 않으려 할 것이다. 그것은 직장 동료 등 다른 사람들에 대한 기본 예의이기도 하지만 자신의 자존심과도 직결되는 문제이다. 여자이기에 앞서 인간이라면 자신의 허점이나 틈을 다른 사람에게 보이고 싶어 하겠는가? 바쁘다는 핑계로 자신을 합리화하면서 머리가 헝클어진 채 일터로 나가는 것은 자존심이 허락지 않을 것이다. 그러기에 시간을 들여 최선을 다해 외양을 챙기고 가다듬는 것이 아닐까.

사실 외모를 제대로, 단정하게 갖추어야 한다는 것은 세상의 지극히 평범한 상식 중의 하나일 뿐이다. 비싼 옷에 짙은 화장의 화려한 외양을 갖추고 출근한다고 해서 돋보이고 칭찬받는 것도 아니며, 그렇다고 조금 흐트러짐이 있다고 해서 크게 흉이 되거나 비판받을 일은 더욱 아니다. 두 경우 모두 웬만해서는 그냥 지나칠 평범한 일상사일 뿐이다.

아무리 이정미 권한대행이 지엄한 헌법재판관이라 할지라도 한 사람의 인간이다. 그도 우연치 않게 실수할 수 있을 것이다. 이 권한대행이 헤어롤러를 그냥 머리에 둔 것은 깜박 실수라고 봐야 하지 않을까. 일부러 헤어롤러를 붙인 채 출근하지는 않았을 것이다. 일부에서는 고도로 계산한 의도적인 정치 쇼라고 비난하기도 하나, 굳이 그렇게 나쁜 쪽으로 보고 싶지는 않다. 중요한 일을 앞두고 골똘하게 생각에 빠진 상태에서 무심코 그대로 두었지, 굳이 정치적 계산을 하면서까지 차림새를 꾸미지는 않았을 것이다. 논리적이고 근엄하며 한 치의 흐트러짐도 없는 자세 등이 대체적인 법조인의 이미지라면, 그에 걸맞지 않은 인간적인 실수가 헤어롤러 해프닝의 본질에 가까울 것이다.

그렇다면 언론은 못 본 채 그냥 넘어가는 것이 정도正道이다. 아무리 언론이라도 여자든 남자든 사람의 외양을 건드려 문제 삼는 것은 당사자의 명예 등을 고려할 때 적절하지 않다. 시시콜콜 머리 맵시까지 현미경을 들이대 트집을 잡는다면 "기자들이 그렇게 쓸거리가 없는가"라는 비아냥을 들을 것이다.

그러나 언론이 선정주의에 빠져 정치적 사안은 물론 범죄조차도 연예나 오락처럼 다룬 지는 오래다. 무엇이라도 화젯거리를 찾아야 하는 것이 언론의 속성이니, 좀처럼 보기 드문 이번 해프닝을 지나칠 수 없었을 것이다. 법정에서 법조계 대선배인 변호사들도 따끔하게 혼내던, 엄격하고 단정한 이 권한대행의 평소 모습을 떠올리면 상상조차 하기 어려운 상황일 뿐 아니라, 헤어롤러를 머리에 꽂은 채 출근하는 여자를 보기가 지극히 어려우니 재미있는 기삿거리는 되겠다고 기자들은 생각했을 것이다.

하지만 그것은 더도 덜도 없이 있는 그대로만 보도하면 될 일이었다. 별다른 설명 없이 사진 한 장이면 충분하지 않았을까. 그냥 '재판관의 뜻하지 않은 실수' 정도로 가볍게 짚고 넘어갔어야 할 사안이었다. 국민들이 "지엄한 헌법재판관도 깜빡 실수를 하는구나. 보통사람들이랑 똑같네"라고 느낄 정도의 기사여야 정상적인 보도라고 생각된다. 만약 이 권한대행에게 좋지 않은 감정을 가진 편파적 언론이라면 "그런 무신경으로 어떻게 국가 대사를 올바르게 판단할 수 있느냐"고 사정없이 두들겨 팰 수도 있었을 것이다. 그러나 그것도 온당한 보도 태도는 아니다. 언론의 악감정이 드러나는 무리한 비약이 될 것이다.

공직자는 의관부터 정제해야

균형 있는 잣대를 가진 언론이라면 다음과 같이 지적할 필요는 있지 않았을까.

"갓이 비록 낡았더라도 바르게 정제하려 해야 하고, 옷이 비록 거칠더라도 모두 갖추려 해야 한다."

이는 선비의 윤리와 행실을 밝힌 『사소절士小節』을 쓴, 조선 정조 때 실학자 이덕무李德懋가 한 말이다. 이를 달리 말하면, 격식을 갖추어 두루마기(또는 도포)를 입고 갓을 쓰거나 사모관대를 차려 입고 옷매무시를 바르게 하는 '의관 정제衣冠整齊'이다. 그것은 화려하게 잘 차려 입으라는 의미가 아니다.

실제로 조선시대에는, 새벽 일찍 일어나 세수하고 빗질하고 의관을 갖추고 단정히 앉아 몸을 추스르는 의관 정제를 모든 일의 근본으로 보았다. 그것이 곧 한 사람의 인품을 드러내는 바탕이라 여겼다.

조선시대 대신 등 관리들은 새벽 일찍 일어나 의관을 정제하고 해 떠오르는 것을 보고 마음을 가다듬은 뒤 발簾을 걷고 등청했다. 관리들은 비가 와도 뛰지 말아야 했다. 행여 무슨 일이 일어났을까 백성들이 걱정하기 때문이었다. 그만큼 차림새나 몸가짐에 조심했다는 것이다. 조선의 관리들만 그러한 원칙을 가지지는 않았을 것이다. 그 전에도 그랬을 것이다. 시대를 뛰어넘어 현대의 공직자도 똑같은 마음가짐과 행동거지로 공무에 임해야 할 것이다.

이정미 헌재 소장 권한대행은 장관급 예우를 받는 최고위급 공무원이다. 해프닝이 일어난 2017년 3월 10일은 대통령의 탄핵 용인 여부를 선고하는 날이었다. 국가적 대사일 뿐 아니라 이 권한대행 개인적으로도 다시는 경험할 수 없는 대사를 주재하는 날이었다. 그토록 중요한 날이라면 그는 그 어느 때보다 이른 새벽에 일어나, 그 어느 때보다 더 신중하게 의관을 정제한 뒤, 그 어느 때보다 더 애써 마음을 가다듬고 등청을 했어야 하는 것 아닌가. 옛날의 관을 정제하는 것이 오늘날 머리 손질이나 다름없다. 머리 손질은 역사적 대사를 다루는 이 권한대행의 근본이라 할 것이다.

숨 막힐 정도로 엄숙하고도 중대한 일을 앞둔 재판관이

라면 한 치 흐트러짐 없이 의관을 정제하고 법정에 나가야 마땅하다. 깊은 생각에 빠져 헤어롤러 빼는 것을 놓쳤다고 한다면 그것은 변명이 될 수 없다. 선비의 잣대를 들이댄다면, 머리 손질도 제대로 못하고 대사를 치르기 위해 나서는 재판관을 어떻게 신뢰할 것인가. 냉정히 말해, 백성이 걱정하지 않도록 비가 와도 뛰지 않아야 할 관리와 마찬가지로 이 권한대행도 국민들이 의아해 하지 않도록 어떤 허점을 보여서는 안 되는 것이다.

무엇보다 이 권한대행은 여느 일하는 주부와 다르다고 봐야 한다. 남편을 위한 아침 밥상을 차리느라 바빴을까? 평소에 늘 아내가 차려 주는 아침을 먹었던 남편이었다 할지라도 그날만큼은 사양했지 싶다. 나이로 미루어 자녀들 등교 준비 시키느라 바쁘지도 않았을 것이다. 그는 여느 일하는 여자들과는 달리 대중교통을 이용하지도 않으며, 손수 운전도 할 필요가 없다. 운전기사가 모는 최고급 승용차로 출근하니 시간에 쫓길 이유도 별로 없다. 수행비서도 데리고 출근하니 따로 챙겨 줄 사람도 있는 셈이다. 당연히 차에 오르기 전에 머리 손질을 끝냈어야 하는 것 아닌가? 등청하는 차 안에서 손질하겠다고 생각했다면 잘못이다. 의관을 정제하고 마음을 가다듬은 뒤 등청하는 선비의 자세와는 거리가 멀어도 한참 멀다.

그의 실수에는 변명의 여지가 없다. 그렇다면 중대사를 앞둔 사람으로서는 한심하기까지 한 이 권한대행의 허술함 또는 무신경을 지적하는 것이 언론의 할일이 아닌가.

그런데 극히 일부 언론만이 "해프닝이 있었다"고 사실만으로 보도했을 뿐, 대부분의 언론은 헤어롤러를 상찬賞讚을 위한 도구로 활용했다. "얼마나 심적 부담이 컸으면 그랬을까", "평소보다 일찍 출근하느라 얼마나 급했으면 그랬을까"라는 이해 또는 동정에서부터 "새로운 대한민국을 위한 희망", "청와대가 자초한 여성의 모멸감을 위로한 탄핵의 결정적 장면"으로까지 극찬하는 기사도 나왔다. 종합편성(종편) 방송에 출연한 한 여성 변호사는 "일하는 여성의 참모습"이라고 감동에 찬 어조로 말하기도 했다.

언론은 "아름다운 실수"니 "가슴이 뭉클했다"는 식의, 신파조 가득한 연예인 등 독자의 반응을 중계하기에 바빴다. 또 이 권한대행을 따라한다며 헤어롤러를 매단 채 나서는 코미디언 등의 우스꽝스러운 행동도 "헤어롤이 대세"라며 앞 다투어 보도하기까지 했다. 비정상의 정상화에 언론이 앞장서는 것인가? 그런 주책없는 행동들은 언론이 비판을 해야 마땅하지 않은가.

심지어 한 언론은 두 개의 헤어롤러가 맞붙어 있는 모양이 헌재의 8 대 0 인용을 암시한 메시지라는 SNS의 글을 그대로 제목에 올리기도 했다. 아무리 재미있는 기사를 추구한다고 하더라도 그야말로 오버가 심하다고 할 수밖에 없다. 언론이 국민들을 오도한 것이다. SNS 시대, 아무 생각 없이 마구 써 대는 또는 의도적으로 왜곡해 퍼트리는 일부 국민들의 무책임한 글들을 네티즌 반응이라며 그대로 실어 준 언론은 못된 국민들의 장난에 놀아난 것이다. 그 국민에 그 언론이다.

국내 보도가 연일 칭찬 일색이니 외국 언론도 보도 내용을 그대로 전달하기에 바빴다. 그러면 국내 언론은 다시 그 외국 언론 보도를 그대로 옮기면서 "해외에서도 화제가 되었다"고 떠들었다. 마치 해외에서도 대단한 칭찬을 하는 것처럼 말이다.

헤어롤은 소박, 올림머리는 사치?

"세월호 사건 당일에도 미용사를 불러 머리를 다듬었다"는 박근혜 전 대통령과 비교해 "이 권한대행이 참으로 소박한 모습을 보였다"는 식의 기사에 이르러서는 비약도 이런 비약이 있을까 싶다. 아니, 악의적 보도라 하지 않을 수 없다. 도대체 이 권한대행의 칠칠치못한 실수가 대통령의 올림머리와 무슨 상관이 있는가? 아무리 대통령이 미워도 언론이 그런 억지를 부려서야 어떻게 공정성과 객관성을 가진 언론이라 평가받을 수 있겠는가.

한 언론은 이번 해프닝에서 가정 내 성^性 불평등을 유추해 내기까지 했다. 이 언론은 "이 전 권한대행과 같은 성공한 여성들조차 출근 전 반드시 화장을 하고 외모를 가꾸고 있다는 사실"을 전제한 뒤 다음과 같은 인터뷰를 실었다.

> "남성 재판관이었으면 절대 보여 줄 수 없는 모습이지 않을까요?"
>
> 이 전 재판관의 출근길을 살펴본 회사원 최 모 씨는 사진 뒤에 숨겨진 장면을 상상하며 씁쓸했다고 말했다. 최 씨는 "중요한 일을 하는 고위공직자 남성들, 특히 탄핵심판 선고와 같은 중요한 날에 출근하는 남성들은 아내가 넥타이를 골라 주는 등 '내조'를 받았을 것"이라며 "반면, 공직생활을 한 지 수십 년이 됐어도 여전히 스스로 머리를 만지는 이 재판관의 모습은 (우리 같은) 여성 직장인들의 힘든 현실을 그대로 보여 주는 것 같았다"고 말했다.

이것 역시 비약이며 또한 왜곡이라 하지 않을 수 없다. 성공한 여성이 손수 외모를 매만지는 것이 무엇이 잘못되고 이상한가? 성공하면 아무렇게나 꾸미고 출근해도 되는가?

그 두 가지가 무슨 연관성이 있는가? 더욱이 고위공직자 아내가 남편에게 넥타이를 골라 주는 내조를 하는 것을 보기나 했는가? 억지도 보통 억지가 아니다. 한 여성의, 옛 영화에서나 봤을 법한 도식적인 상상이나 막연한 추정을 어떤 증거도 확인도 없이 그대로 기사화하는 것은 기자의 직무유기요 왜곡이다. 또 여성이 스스로 머리를 만지는 것이 무슨 문제인가? 공직자는 스스로 머리를 만지면 안 되나? 그것이 어떻게 직장 여성의 힘든 현실인가? 출근하는 아내의 머리를 남편이 만져 주어야 하는가? 그것이 정상인가? 상식에서 한참 벗어나는 기사라 하지 않을 수 없다.

　과연 이 권한대행의 헤어롤러는 언론에서 말하는 것처럼 "헌신적으로 일하는 여성의 상징"이며, 그는 "일하는 여성의 참모습"인가? 언론이 냉정하게 따져 봐야 하지만, 정말 그런지는 이 권한대행 자신이 너무나 잘 알 것이다.

　현재 재판관의 순수 월급액만 680만 8,600원이라고 한다. 여기에 직급보조비, 특정업무경비 등 기타 보수를 합치면 월급은 1천만 원이 넘을 것으로 추산된다. 운전기사가 딸린 최고급 승용차에 수행비서만이 아니다. 장관 대우가 얼마나 어마어마한지 웬만한 국민은 어림짐작도 하기 어려울 것이다. 현재 재판관들의 개인 집무실은 약 50평 크기라고 한다. 학교 교실 크기가 20평 남짓이라고 하니 얼마나 큰 사무실을 사용하는지 짐작될 것이다. 그런 여자가 워킹맘이라는 칭호를 얻어야 하는가? 무신경한 실수로 머리에서 미처 빼지 못한 헤어롤러로 인해 헌신적인 워킹맘의 상징이며, 워킹맘의 참모습으로 칭송받아야 하는가.

참으로 호들갑스럽다. 과장 미화도 이런 과장 미화가 없다. 그저 바쁘게 출근하느라 제대로 머리를 건사하지도 못한, 칠칠치못한 아주머니의 실수로 보고 넘어가야 할 사안이 아닌가. 단순한 실수가 아니라면, 일부에서 주장하는 것처럼 정치 쇼를 했다는 말인가? 그런 억측을 하는 것도 매우 불순한 의도이다. 그것은 아니지 않은가.

계속된 언론의 '맹목적 띄우기'

해프닝이 일어난 며칠 뒤 한 언론은 "드디어 진실이 밝혀졌다"며 "이정미 재판관은 자신이 헤어롤을 하고 출근했다는 사실을 깨닫고 '큰일났다, 기자들에게 헤어롤 모습이 찍힌 것 같다'며 당황해 한 것으로 전해진다"고 보도했다. 이 권한대행은 사태가 예상 밖으로 워낙 커지니 특정 언론에 간접적으로 의사를 전달한 것으로 보인다. 그것으론 턱없이 부족하다. 왜 진작 솔직하게 밝히지 않았는가? 왜 직접 나서지 않는가? 조금의 염치라도 있으면 말이다. 우리나라뿐 아니라 전 세계를 오도하는 데 원인을 제공했음에도 불구하고 가만히 있는 것은 양심불량이다. 재판관으로서 적절한 처신이 아니다.

이 권한대행은 언론의 보도에 대해 진의와 진상을 밝히는 한 마디 언급이라도 했어야 마땅하다. 자신의 실수를 지나치게 옹호하고 감싸 주는 것이 부담스럽다고. 그리고 매일 아침 가족까지 챙긴 뒤 자신을 건사하고 지옥철 등 대중교통에 시달리며 출근해야 하는 많은 워킹맘들에게 죄송하다고(이 권한대행이 "일하는 여성의 참모습"이라고, 차고 넘칠 정도의 칭송을 했던 여성 출연자는 그 뒤에도 방송에 나오고 있었다. 그는 민망하지도 않은지 모르겠다).

그리고 언론도 진상을 과장, 왜곡한 엉터리 보도에 대해 국민들에게 사과를 해야 마땅한 것 아닌가. 세계 언론들마저 오보 또는 왜곡 보도하도록 만들었으니 세계인들에게도 사과해야 하지 않는가.

언론의 이정미 헌재소장 권한대행 맹목적 띄우기는 거기까지가 아니었다. 언론은 그의 퇴임식을 "소박한 퇴장"이라고 보도했다. 도대체 어떤 헌재 재판관이 '화려한' 퇴장을 했는가? 아니, 소박한 퇴장을 하지 않은 재판관이 있었는가? 6년 재판관 재임 중 3년 9개월이나 소장을 한 박한철 전

소장도 그냥 퇴임식을 하고 떠났다. 당시 기사들을 찾아보니 이 권한대행의 퇴임식과 별다른 모습을 찾을 수 없었다. 아무리 찾아봐도 화려한 구석은 딱히 없어 보였다. 꽃다발 받고 동료들과 사진 찍고. 소박해 보였다. 헌재 소장 권한대행을 아주 짧게 지낸 이 재판관 퇴임식과 비교하면 단지 외부 인사가 좀 많아 보일 뿐이었다. 그러나 당시 어떤 언론도 '소박한 퇴장'이라고 보도하지 않았다

2

국정 농단

1970년대 미국의 언론들은 리처드 닉슨 대통령이 탄핵에 몰려 사임하지 않을 수 없었던, 민주당 선거운동본부가 있던 워터게이트 호텔에 대한 불법 도청 사건을 '워터게이트 사건(스캔들)'으로 불렀다. 이 사건을 계기로 정부나 정치권에서 대형 부정부패 사건이 터지면 언론에서는 특정 이름 등의 뒤에 '게이트'란 접미사를 붙이기 시작했다. '스캔들'이 '게이트'로 대체된 것이다. 우리나라도 마찬가지이다. 그래서 어떤 사건에 '게이트'란 접미사만 붙어도 부정적 이미지가 자동적으로 생긴다고 할 수 있다.

그러나 미국 언론은 워터게이트 호텔 도청 문제를 '스캔들'이라 칭했을 뿐 더 이상 어떤 강한 접미사를 붙이지 않았다. 닉슨 대통령이 역사상 처음으로 의회에서 탄핵안이 가결될 정도로 엄청난 사건이었으나 스캔들보다 더 부정적인 의미를 가진 다른 용어를 사용하지 않았다. 오히려 일부 언론은 스캔들보다는, 중립적 의미를 강하게 띤 '어페어 affair'를 사용하기도 했다. 그 뒤 여러 정치적 사건이 터졌을 때도 미국은 그냥 '게이트'나 '스캔들'이란 단어만을 사용했을 뿐이다.

최순실 씨 문제를 두고 국정 농단이란 용어는 정치권이 먼저 사용했다. 여야는 '민간인 국정 농단'이란 태그를 달아 특검법을 만들고 국정조사를 하기로 결정했다. 진보 성향이 강한 야권이 사실상 국회를 좌지우지하니 정치적 의도와 목적으로 강한 용어가 선택된 것은 그럴 수 있다 할 것이다.

그러나 언론은 정치집단이 아니지 않은가. 중립적 관찰자나 감시자다운 어휘를 선택해야 하는 것이다. 한국 언론은 최순실 씨 국정 개입 문제가 막 터졌을 때에는 이 사건을 '최순실 게이트'로 보도하기도 했다. 정치사건 등을 가리키는 '게이트'만도 충분히 부정적 의미가 강하지 않은가. 언론이 단순히 '최순실 사건'이 아니라 '최순실 게이트'라고만 해도 그 사건이 상당한 문제가 있음을 국민들은 잘 알 수 있을 것이다. 그러나 대부분의 언론은 어느 순간부터 '최순실 국정 농단'에 이어 '박근혜 · 최순실 국정 농단'으로 사건을 몰고 갔다. 수사 상황을 보도하면서 아예 제목으로 '최순실 국정 농단'으로 못을 박았으며, 종편 텔레비전에 나오는 사람들도 대부분 사건을 그렇게 불렀다. 심지어 정치인들 인터뷰 하면서도 기자들은 '최순실 국정 농단'에 대해 어떻게 생각하느냐고 물었다.

'농단' 표현부터가 편파적

'농단壟斷'의 사전적 의미는 "이익이나 권리를 독차지함"이다. 한 진보 매체는 "이 단어는 보통 공익을 추구하는 공사公事를 사익을 위해 자기 맘대로, 사사로이 주물렀다는 뜻으로 쓰인다. 개인 혹인 소수집단의 이익을 위해 다수의 이해관계자들을 기만하고, 이런 자신들에게 반발하는 다수를 제압하기 위해 무력 행사도 불사하며 오로지 자신만의 권세와 이익을 추구한다는 온갖 부정적인 의미들이 고밀도로 압축된, 아주 고약한 단어"라고 설명했다.

이 매체가 말하듯 '농단'은 "아주 고약한 단어"이다. 그렇다면 '국정 농단'이란 용어는, 개인이 사익을 위해 국정에 온갖 부정적인 일을 저지른, 아주 고약한 짓을 압축적으로 표현한 것이라 할 것이다.

왜 한국 언론은 굳이 '국정 농단'이란, '아주 고약한 단어'가 포함된 용어를 사용할까? 보다 객관적이고 중립적으로 사건을 묘사할 수 있는 용어가 있는데도 말이다. '국정 농단'이란 용어에는 언론의 주관적 판단과 관점이 그대로 드러난다. 최순실 씨 등 사건 관련자에게 온갖 부정적 이미지를 덧씌우기 위한 의도적 용어 사용이라 할 수 있다. 사건 자체를 이미 한 방향으로 끌고 가기 위한 의도가 분명히 드러나 보인다.

언론이 '국정 농단'이란 용어를 사용하기 시작함으로써 사건의 방향은 오로지 한쪽, 탄핵이 불가피하다는 쪽으로만 가기 시작했던 것으로 보인다. 언론이 그 사건에 대해 대단히 부정적인 이미지를 부여했기 때문이다. 국민들은 '국정 농단'이란 용어를 날마다 접하면서 사건에 대해 더욱 나쁜 생각을 갖게 되었다고 봐야 한다. 이른바 국민 여론이 훨씬 더 악화되었다고 할 수 있다.

언론은 어떤 사안이든 자신들의 생각대로 국민의 여론을 끌고 가거나 근본적으로 변화시키는 것이 의무이자 권리라고 생각하는 것으로 보인다. 사건이 아직 재판에 가지도 않았는데도 말이다.

헌법 제27조 제4항은 "형사피고인은 유죄의 판결이 확정될 때까지는 무죄로 추정된다"고 선언함으로써, 공소가 제기된 피고인이 비록 1심이나 2심에서 유죄판결을 선고받았더라도 그 유죄판결이 확정되기 전까지는 원칙적으로 죄가 없는 자에 준하여 취급해야 함은 물론, 유죄임을 전제로 하여 해당 피고인에 대하여 유형·무형의 일체의 불이익을 가하지 못하도록 하고 있다.

— 헌법재판소 결정문 중, 위키피디아 발췌

그러나 언론은 이러한 헌법상 무죄추정의 원칙은 아랑곳 없이 어떤 사건에 대해 자신들의 시각과 판단으로 사건의 성격을 규정해 버리면서 사건 관련자들이 범죄인 또는 악인임을 강하게 암시한다. 기사 제목이나 용어는 거의 명백하게, 오로지 유죄임을 느끼도록 만든다. 마치 사실인 것처럼 교묘하게 위장했으나 실제는 확인과 증명이 없는, 의혹만이 가득한 주장을 제시한다.

공정하고 객관적으로 보도한다고 외치지 않는 언론사는 없을 것이다. 기자들도 마찬가지다. 그러나 완전한 객관성은 존재하지 않는다는 것은 그들 자신이 너무나 잘 알 것이다. 말로만 공정과 객관을 외치지, 편파적이고 주관적인 보도를 일삼는 스스로의 행태를 모르지 않을 것이다. 세상도 언론에게 완벽한 보도를 바라지 않는다. 어느 정도의 주관성은 불가피하다는 것을 독자나 시청자들도 다 알 것이다. 그러니 기자들도 취재나 보도에서 자신들의 감정과 감상, 선입견, 편견 등을 정도껏 집어넣어야 하는 것 아닌가. 그러는 것이 신문이나 방송을 보는 사람들에게 최소한의 예의를 갖추는 것이 아니겠는가.

언론이 '국정 농단'이란 용어를 사용한 것은 심한 주관적 감정과 편견에서 비롯된 것으로 보인다. 언론이 '국정 농단'이란 용어를 쓰는 것은 최순실 씨 또는 다른 관련자들의 행위가 아주 고약한 짓이라고 규정한 것과 마찬가지이다. 언론이 유죄, 그것도 중죄임을 선언한 것이다. 그 사건에 대한 재판이 시작하기도 전에 이미 언론은 검사를 넘어 판사가 되었다. 무죄추정 원칙은 아예 없었다. 그 원칙을 한참 벗어나 어마어마한 형량을 언론이 선고한 셈이다. 그것은 언론이 스스로 중립적이고 객관적 관찰자임을 포기했다. 아주 마음먹고 사건에 개입하겠다는 의도를 강하게 보여 준 것이다.

이번 탄핵 사태 보도에서 가장 두드러지게 드러난 언론의 문제는 기자들이 자신들 생각과 판단대로 사건을 규정하고 관련자들은 무조건 죄인으로 몰아간 점일 것이다. 설사 그들의 판단이 결과적으로 맞는다고 할지라도 사건이 전개되는 과정에서 그들의 근거 없는 의혹 제기나 주관적 편파적 보도가 사건과 관련자들에 대한 국민의 인식과 판단을 오도하고 감정을 격앙시킬 수도 있다는 점을 간과해서는 안 될 것이다. 더욱이 그러한 보도는 재판에도 큰 영향을 미친다는 점도 지나쳐서는 안 된다. 언론이 여론재판, 언론법정을 만드는 우를 범해서는 안 되는 것이다.

법 위에 여론법정·언론재판

여론법정, 언론재판은 어디에 있는가? 사람들이 그러한 용어를 사용할 때, 그것은 언론의 기사나 사설 등이 촛불을 든 시위에 의해 지배되는 군중재판이 마치 진짜배기 법정과 같은 힘을 발휘하는 것을 강하게 암시한다. 여론법정에서는 "오로지 한쪽 눈만으로 세상을 진단하지만 트위터 팔로워는 가장 많은 사람이 왕"이며, 법의 모든 견제와 균형은 중지된다. 여론법정에는 증거의 법칙, 입증책임, 교차검증(심문)도 없다. 질문도 없으며 대답도 없다. 거짓으로부터 진실을 분리하는 규칙도 조정자도 메커니즘도 없다. 여론법정에서는 구미에 맞는 모든 것이 증거가 된다. 모두가 목격자요 증인이다. 재판관으로 자처하고 행동하는 군중들의 정치적 성향이나 경험으로부터 사건에 대한 사실을 분리할 수 있는 메커니즘이 없다. 오로지 선동적 구호만이 사실이요 진실이 된다.

영어판 위키피디아는 다음과 같이 설명하고 있다.

세상의 주목을 받는 재판이 열리는 동안에 언론은 공정한 재판을 거의 불가능하게 만들 뿐 아니라 재판의 결과에 상관없이 피고인이 나머지 인생을 대중들의 집중 감시 없이는 살 수 없도록 하는, 폭도나 다름없는 대중의 과잉반응 분위기를 부추긴다는 비판을 받는다.

언론은 그런 재판에서 배심원들에게도 부지불식간에 일련의 압력을 행사한다. 배심원들은 그들을 세상이 주시하고 있다는 것을 안다. 그들은 자신들을 위한 결정을 할 뿐 아니라 그들의 가족과 동료, 이웃, 사회 전체를 위한 발언을 만든다.

재판관들 역시 인간이므로 자신들의 명성과 승진에 신경을 많이 쓴다. 세상의 주목을 받는 재판에서 법관들은 편견을 가지는 경향이 있으며 각광을 받기 위해 언론 보도와 같이 평결을 한다. 이것은 경쟁을 하는 다른 법관들에 앞서 그들이 승진을 하는 데 확실히 보탬이 된다. 언론은 우리들의 일상사에 깊숙이 들어와 있으며 법관들도 언론으로부터 벗어날 수 없다. 사법부는 인간인 법관들이 있는 곳이다. 그들도 인간이기 때문에 때때로 법과 정의의 객관적 원칙보다는 다른 여러 가지 고려에 의해 흔들린다.

법관들 어느 누구도 그들 자신의 개인적 이념과 편견, 선호, 소속감에 따라 판결을 하지 않으며 정실과 부패에 영향을 전혀 받지 않는다고 주장하는 것은 미욱한 일이다. 아주 적은 숫자가 아주 드물게 그렇다고 주장하는 것도 마찬가지이다.

재판은 언론의 선정적 보도에 아주 많은 영향을 받는다. 법관들은 판결을 준비하면서, 만약 그들이 언론의 견해에 반대되는 결론을 내릴 때 언론이 어떤 비판을 할지 고민하기 시작한다. 세상의 주목을 받은 재판들 대부분에서 언론이 내린 결론이 언제나 최종 판결이 되는 이유가 바로 그것이다.

위의 글은 언론이 국민들과 재판관들에게 얼마나 많은 영향을 미치는지를 매우 실감나게 설명하고 있다. 왜 많은 재판이 여론재판, 언론재판이 되는지를 잘 이해할 수 있게 해 준다. 미국 언론만 그러할까? '최순실 게이트'를 보도한 한국 언론의 민낯을 그대로 설명한 글이라 해도 무방하지 싶다. 미국 법관들만 그럴까? 언론의 눈치를 지극하게 살핀다는 미국 법관들과 우리나라 법관들이 크게 다르지 않을 것이다.

위의 글대로라면 한국 언론은 '아주 고약한 단어'를 동원하여 최순실 사건에 대해 폭도나 다름없는 국민들의 과잉 반응을 부추겼으며, 재판 결과가 나오기도 전에 최 씨나 그의 딸 등 사건 관련자들이 남은 인생을 제대로 살기 어려울 정도로 만들어 버렸다.

헌재 재판관들도 인간이다. 그들도 언론의 선정적 보도를 보면서 언론의 의사에 반하는 탄핵 결정을 했을 때 언론이 어떤 비판을 할지 심각하게 고민했을지도 모른다. 재판관들은 한국 언론이 온통 '국정 농단'의 관점에서 기사를 쏟아내는 것을 잘 알았을 것이다. 헌재 건물 바깥에서 들려오는 시위대의 함성 소리를 들으면서 언론의 무서움을 미리 짐작했을지도 모를 일이다. 결정을 놓고 고심하는 과정 내내 언론이 어떤 결론을 원하는지 생각했을 것이다. 그래서 8 대 0 결정이 나왔을까?

3

박영수 특검의 가벼운 입

　박영수 특별검사와 특검 팀원들이 2017년 3월 3일 기자들과 밥을 먹은 것이 크게 보도되었다. 밥 자리는 특검이 끝나면서 가진 뒤풀이였다고 한다. 요즘 이른바 김영란법이 작동하고 있는데 공직자들과 기자들이 함께 밥을 먹어도 되는지 모르겠다. 그런 법이 없더라도, 왜 검사들이 온 나라가 다 알도록 기자들에게 밥을 사며, 기자들이 얻어먹는지 이해하기 어렵다. 원래 그런가? 수사 끝났다고 검사들과 기자들이 한데 어울려 회식하는 것이 다른 나라에도 있는 일인지 모르겠다. 일반 국민들은 그들이 향응을 주고받는다고 오해하기 십상이다. 법 집행 기관을 감시해야 할 언론이 그들과 한통속이라고 볼 수도 있다. 안 그래도 한국의 검찰이나 언론 모두 권력을 휘두른다는 등의 부정적 이미지가 센 집단들이 아닌가. 특검이 큰일을 잘해 냈다고 온 언론이 칭찬을 하니 국민들이 그런 오해를 하지 않을 것으로 자신했는가? 아무튼 특검이 베푼 그 자리가 말도 많은 김영란법을 어긴 것은 아닌 것으로 믿고 싶다.

특검과 기자들의 회식이 크게 보도된 것은 그 자리에서 쏟아져 나온 말들 때문이 아닌가 싶다. 언론으로서는 그동안 듣지 못했던 수사에 얽힌 얘기들을 특검과 팀원들이 거침없이 하니 좋은 기삿거리를 얻을 수 있는 기회였을 것이다. 그러나 박 특검 등이 그 자리에서 한 여러 발언 가운데에는 적절하지 않은 것들이 많았다. 상식에도 어긋나지만 법에도 저촉되는 것들이 많은 것으로 보인다. 이러한 위반에 대해 언론은 웬일인지 눈을 감았다. 언론의 편견이 또 한 번 드러난 중대한 사례가 아닐 수 없다. 이정미 헌재소장 권한대행을 맹목적으로 스타 만들기에 나섰던 언론이 박영수 특검 등 특검팀에 대해서도 만만치 않은 편애를 보인 것이다. 그나마 한 언론이 "경솔한 발언이다. 희한한 일"이라고 따끔하게 이들을 나무란 것이 위안 삼을 만한 일이었다.

무능, 오만, 탈법의 밥자리

박 특검과 팀원들은 밥만 먹지 않고 기자들에게 많은 수사 무용담을 털어놓았다. 자기들 자랑도 서슴지 않았다. 아직 끝나지도 않은 수사에 대한 평가다, 아직 시작도 하지 않은 재판이 어떤 관심을 모을지에 대한 전망까지 했다. 그러나 말이 많으면 탈이 나는 법. 무슨 탈이 났는지 따지기 전에, 우선 그들이 무어라고 얘기했는지 언론 보도들을 살펴보자.

박 특검은 우병우 전 민정수석 수사와 관련해 "(검찰이) 구속영장을 재청구하면 100퍼센트 발부될 것"이라고 말했다. 박 특검은 또 "예를 들어 세월호 수사 압력 부분은 (특검 수사 대상이 아니어서) 수사할 수 없었지만 솔직한 얘기로 압력이 인정된다"며 "(우 전 수석의 가족회사인) 정강의 자금도 (검찰이) 들어가 보면 자금 출처를 (우 전 수석 측이) 설명할 수 없는 부분이 있다"고 했다. 함께 자리한 이규철 특검보도 우 전 수석에 대해 "결국 조사하면 다 나올 수밖에 없다"고 말했다.

박 특검은 "(박근혜 대통령 대면조사를 위해) 경내 조사 등 청와대에 모든 조건을 양보해 9일로 잡았는데 조사 일정 공개를 이유로 미루니 기가 막혔다"고 밝혔다. 박 특검은 "CJ

를 왜 미워했는지도 물어보고 싶었다"며 "박 대통령은 조사 장면을 기록으로 남기는 것에 가장 부담을 느껴 거부했다"고도 밝혔다. 이규철 특검보는 박 대통령 차명 폰에 대해 "근거가 확실하다"며 "발신지를 찍어 보면 위치가 다 청와대 관저로 나왔다"고 말했다.

박 특검은 '최순실 게이트'의 두 고리를 언급하면서 "하나는 최순실이 대통령을 팔아 국정을 농단한 것이고, 다른 하나는 정경유착"이라고 '촌평'까지 했다고 한다. 박 특검은 삼성 뇌물 사건과 관련해 "나중에 재판 보면 엄청나게 수사했다는 걸 알게 될 것"이라며 "세계적으로 관심을 갖게 될 세기의 재판이 되지 않을까 생각한다"고 전망했다. 이 특검보는 이재용 삼성 부회장 수사와 관련, "이제 지나고 나니 수사팀이 '1차 영장 때 구속됐으면 큰일날 뻔했다. 그냥 그대로 갔다면 무죄 나올 뻔했다'고 한다"고 말했다.

문화계 블랙리스트 수사 뒷이야기도 공개됐다. 박 특검은 "문화체육관광부 담당 부서가 수사를 기다리고 있었다"며, 국·과장급뿐만 아니라 더 높은 그룹에서도 관련 자료를 준비해 수사에 협조했다는 것이다. 박 특검은 "좌천된 사람들을 생각해서라도 직원들이 블랙리스트는 잘못됐다고 하더라"며 고마움을 표시했다.

그는 최순실 씨를 수사하면서 느낀 점도 밝혔다. 박 특검은 "최 씨는 참 이해하기 어려운 사람이다. 죄가 어떻든 '제 불찰로 잘못했다'고 사죄하는 게 좋았을 텐데 그게 안타깝다"고 말했다. 박 특검은 "욕심이 없었다면 그런 일을 저질렀겠느냐. 박근혜 대통령과 너무 가까웠기 때문"이라고 평가했다.

언론이 보도한 모든 발언을 다 옮길 수 없으나 그들의 발언 가운데에는 김기춘 전 대통령 비서실장에 대한 수사 과정도 자세하게 들어 있었다. 김 전 실장이 여러 가지 자료를 압수수색 전에 아들 등의 집으로 미리 옮겨 놓은 것을 폐쇄회로TV를 통해 확인했다는 것 등이다.

이러한 발언들에 대해 한 언론은 "박 특검의 '재청구하면 100퍼센트 발부' 발언은 이 같은 의혹들에 대한 검찰 수사와 함께 특검팀이 우 전 수석에게 적용한 8가지 범죄 혐의에 대한 보강수사를 촉구한 발언으로도 해석된다"고 일면 호의적인 해석을 했다. 많은 다른 언론들 역시 소상하게 발언들을 소개하면서 어떤 문제도 지적하지 않았다. 오히려 박 특검 등의 의기양양함을 두둔하는 태도를 보였다. 일부 종편 출연자들은 "검찰이 수사에 소홀하지 않도록 하는 특검의 노련한 전략"이니 "대단한 성과를 거둔 것에 대한 당연한 자부심"이라고 칭찬을 했다.

그러나 한 신문이 예리한 칼날을 들이댔다. 이 언론의 보도는 다음과 같다.

　특검이 우병우 전 대통령 민정수석비서관을 기소조차 하지 않고 모든 수사자료를 검찰로 넘긴 것은 두고두고 논란이 될 것으로 보인다. 특히 박영수 특검이 3일 출입기자단과의 송별 오찬 자리에서 우 전 수석의 구속영장 재청구와 관련해 언급한 내용에 대해선 "실언이나 다름없다"는 반응도 나왔다. 박 특검은 당시 기자들에게 "우 전 수석에 대해 구속영장을 재청구하면 100퍼센트 나올 것으로 보지만, 수사할 시간적 여력이 없었다"고 주장했다.

　검찰에선 즉각 "경솔한 발언"이라는 지적이 나왔다. 일선 검사들은 "구속영장 기각 뒤 어떤 검찰 선배에게서도 들어 보지 못한 희한한 반응"이라고 입을 모았다. 구속영장 기각 이후 우 전 수석 수사를 둘러싸고 "특검이 수사를 못 한 거냐, 아니면 일부러 안 한 거냐"는 논란이 불거진 이후라 특검에 대한 여론은 더욱 부정적이었다.

　서울중앙지검의 한 중견 검사는 "그렇게 자신 있으면 첫 영장 청구 때 발부받았어야 했다"며 "특검 스스로 수사가 부족했음을 인정한 것으로 받아들일 수 있는 발언"이라고 말했다. 일부 판사들까지 "영장 발부 여부를 특검이 결정할 수 있는 것처럼 국민들이 오해할 수 있는 발언"이라고 지적했다.

이 기사는 "수사를 촉구하는 발언"이니 "특검의 노련한 전략"이라는 다른 언론의 시각과는 전혀 상반된 지적을 했다. "실언"에다 "경솔한 발언"까지, 특검에게는 뼛속까지 아플 수 있는 비판을 퍼부었다. 특검의 무능함과 오만함까지 두루 거론했다. 특검이 진행되는 동안 특검의 문제를 지적하면 세상의 흐름을 거스르는 의식 없는 언론으로 치부될 될 것만 같을 정도로 칭찬 일색의 보도 분위기에서 참으로 용기 있는 비판이 아닐 수 없다.

그러나 박 특검이 마치 자신이 판사인 것처럼 "우 전 수석에 대한 영장을 재청구하면 100퍼센트 발부될 것"이라고 한 발언만 문제 삼은 것이 아쉽다(우 전 수석에 대해 검찰이 다시 청구한 구속영장은 또 기각되었다. 박 특검은 뭐라고 할까? 자신이 청구하지 않았기 때문이라고 할까? 특검을 한 번 더 시켜 달라고 할까? 궁금하기 그지없다). 그와 팀원들의 발언은 문제투성이기 때문이다. 따질 것이 너무 많기 때문이다.

한 종편 출연자는 박 특검의 발언이 피의사실공표죄에 해당될까 아슬아슬했다면서 그를 칭찬했다. 말하자면 기술적으로 요령 있게 법 테두리를 지키면서 할말을 했다는 뜻으로 들렸다.

형법 제126조 피의사실공표죄_{被疑事實公表罪}는 검찰·경찰 기타 범죄 수사에 관한 직무를 행하는 사람이나 감독·보조하는 사람이 직무상 알게 된 피의사실을 기소(공소 제기) 전에 공표하면 3년 이하의 징역 또는 5년 이하의 자격정지에 처한다고 되어 있다.

애당초 특검은 우 전 수석 구속에 실패하면서 기소도 못 했다. 우 전 수석은 피의자가 아니다. 피의자도 아닌 사람에게 마치 죄가 있는 것처럼 말하는 것은 당사자의 명예 등 인권을 심각하게 침해한 것이라 할 수 있다.

우 전 수석이 세월호 수사에 압력을 행사한 것 같다고 한 것이나, 그의 가족회사의 자금 출처에 설명할 수 없는 부분이 있다는 그들의 주장은 검찰 수사 결과 아무런 근거가 없는 것으로 밝혀질 수도 있다. 만약 검찰의 수사에서도 기소가 되지 않는다면 "우 전 수석의 피의 사실을 기소 전에 공표했다"고 죄를 물을 수밖에 없지 않은가.

기자들과의 회식은 위법

이들의 발언은 다른 차원에서도 문제를 지적할 수 있다.

이번 특검법 제12조 '사건의 대국민 보고'는 "특검보는 국민의 알 권리 보장을 위해 피의사실 이외의 수사 과정에 대해 브리핑을 실시할 수 있다"고 규정했다. 하지만 그 '수사 과정'이 어떤 내용과 범위인지에 대한 구체적 언급은 없다. 그러나 제8조 '특별검사의 의무'는 특검 기간 연장을 위해 대통령에게 승인받는 경우나 재판 결과를 대통령과 국회에 보고하는 경우를 제외하고는 수사 내용을 공표하거나 누설해서는 안 된다고 규정했다. 특검법도 특검이 피의사실을 공표해서는 안 되는 점을 분명하게 한 것이다. 다만, 수사 과정은 어디까지 브리핑할 수 있는지는 명확하지 않은 규정 때문에 논란의 소지가 있다.

그러나 검찰에는 '인권보호를 위한 수사공보준칙'이 있다. 2013년 법무부는 이 준칙을 "형사사건에 대한 공보와 관련하여 검사 등이 준수해야 할 사항과 인권보호 조치 등을 명확히 규정함으로써 피의자, 참고인 등 사건 관계인의 인권, 수사의 공정성 및 무죄추정의 원칙과 국민의 알 권리가 조화되는 선진적인 수사공보 제도의 확립"을 위한 목적으로 만들었다고 한다.

이 준칙 제4조 '인권보호의 책무'는 수사 종사자는 수사 사건의 공보 과정에서 사건 관계인의 명예와 사생활 등 인권이 침해되지 않도록 노력해야 한다고 적시했다. 또 제6조에는 국민의 알 권리 등을 이유로 사건 관계인의 인권이 부당하게 침해되지 않도록 유의하여야 한다고 되어 있다.

제9조 '기소 전 공개 금지' 조항은 공소 제기 전의 수사 사

건에 대하여는 혐의사실 및 수사 상황을 비롯하여 그 내용 일체를 공개하여서는 안 된다고 못박았다. '공보의 범위'를 규정한 제13조 '일반원칙'은 다시 한 번 수사 사건 공보는 "필요한 최소한의 사항만을 정확히 공개해야 하며 사건 관계인의 명예 등 인권을 침해하지 않도록 유의해야 한다"고 언급했다. 특히 이 조항은 "수사 사건 공보는 객관적으로 확인된 사실에 한정하며, 주관적 가치평가가 언급되지 않도록 한다"고 강조했다. 제14조 '표현방법'은 "유죄를 속단케 할 우려가 있거나 추측 또는 예단을 일으킬 우려가 있는 표현은 사용하지 않아야 한다"고 거듭 강조했다.

제19조 '공개 금지 정보'는 사건 관계인의 인격 및 사생활과 주장 및 진술 내용과 그 신빙성에 관련된 사항은 물론 수사 상황, 수사 경위 및 수사 방법 등도 공개하지 못하도록 규정했다. 이 준칙은 수사 보안을 위해 제29조 '검사 및 수사관의 언론 접촉 금지' 조항을 두어 공보담당관이 아닌 검사 등은 수사 사건과 관련하여 기자 등 언론기관 종사자와 개별적으로 접촉할 수 없도록 했다. 전화로라도 수사 내용에 대해 언급하지 못하도록 규정했다.

이 준칙의 잣대를 들이대면 박 특검과 팀원들은 기자들과 밥 먹는 자리를 가져서도 안 되며, 그들이 수사한 사건의 내용이나 경위 등을 밝히거나 평가해서는 안 된다. 더욱이 사건 관계인의 인격 등을 언급해서는 안 되는 것으로 보인다.

특검의 공보담당관은 이철규 특검보였다. 이 준칙대로라면 이 특검보가 공식 브리핑을 하는 것 이외에 검사들과 기자들이 집단 접촉을 하는 것은 '수사 보안 조치'에 어긋난다고 할 수 있다. 국민의 알 권리를 위한 수사 정보에 목말라 있는 기자들에 대한 특별 배려라고 할지 모르나, 그러면 평소의 브리핑에서 공보관이 법 테두리 내에서 충분히 설명했어야 한다.

박 특검이 우 전 수석 이외에 "박 대통령이 조사 장면을 기록으로 남기는 것에 가장 부담을 느껴 (대면조사를) 거부했다"고 한 것이나, 이 특검보가 박 대통령 차명 폰에 대해 "근거가 확실하다"며 "발신지를 찍어 보면 위치가 다 청와대 관저로 나왔다"고 말한 것 모두 "공소 제기 전의 수사 사건에 대하여는 혐의사실 및 수사 상황을 비롯하여 그 내용 일체를 공개하여서는 안 된다"고 규정한 '기소 전 공개 금지' 조항을 위반했다고 봐야 한다. 당시 박 전 대통령은 수사도 받지 않았으니 당연히 기소도 되지 않았기 때문이다.

특히 이 특검보가 "수사팀이 '1차 영장 때 (이재용 부회장이) 구속됐으면 큰일날 뻔했다. 그냥 그대로 갔다면 무죄 나올 뻔했다'고 한다"라고 전한 것은 유죄를 속단하게 하는 등 '표현 방법' 조항 위반이다. 박 특검과 마찬가지로 "경솔한 발언"이라는 비판을 받아야 한다. 유죄인지 무죄인지는 특검이 아니라 재판부가 결정하는 것을 그들이 모를 리 없지 않은가.

특검이 김기춘 전 실장의 압수수색 과정 등 문광부 블랙리스트 수사 과정을 상세하게 설명한 것은 '공개 금지 정보' 조항과 관련, 적절치 않아 보인다. 준칙은 기소 사건의 경우, 같은 종류의 범죄 재발을 막기 위해 필요한 범위 내에서 수사 경위, 수사 방법 등을 공개할 수 있다고 규정하고 있으나, 과연 그들이 재발을 막기 위해서 그랬는지 묻고 싶다.

박 특검이 "최순실이 대통령을 팔아 국정을 농단했다"고 단정적으로 말한 것도 '공보 범위'를 벗어나 "유죄를 속단하게 할 우려가 있거나 추측 또는 예단을 일으킬 우려가 있는" 표현이라 할 수 있다. 아직 재판 과정에 있는 사건에 대해 "대통령을 팔아"란 주관적 감정이 강하게 드러나는 단어를 쓰면서 관계자를 언급한 것도 적절하지 않아 보인다. 수사공보준칙은 "혐의사실을 공개할 때에는 무죄추정의 원칙을 반영하여 재판에 의하여 확정된 사실이 아니라는 취지를 공보의 서두에 명시해야 한다"고 규정하고 있다. 과연 박 특검은 기자들에게 "최 씨가 대통령 팔아 국정은 농단했으나 재판에 의해 확정된 사실은 아니다"라고 미리 얘기했는지 궁금하다.

특히 박 특검이 최 씨에 대해 "이해하기 어려운 사람이다. 욕심이 없었다면 그런 일을 저질렀겠느냐"라고 한 것은 이 준칙이 금지하는 '주관적 평가'가 아닐 수 없다. 아무리 사회적 지탄을 심하게 받는 피의자일지라도 명색이 특별검사라는 사람이 공개적으로 폄훼한 것은 참으로 온당치 않아 보인다. 이 역시 심각한 인권침해로 보인다. 준칙에 어긋나는 것은 아니겠지만 "엄청나게 수사했다"거나 "세기의 재판이 될 것"이라는 극단적 자화자찬을 수사 책임자로부터 듣는 것은 닭살이 돋을 만큼 민망하다.

이들이 밥 먹는 자리에서 '수사공보준칙'은 깡그리 무시되었다. 박 특검 등은 무더기 법 위반을 한 것이다. 이런 행태로 미루어 대변인 역할을 한 이 특검보가 정례 브리핑에서 얼마나 준칙을 지켰는지도 꼼꼼하게 따져볼 필요가 있지 않나 싶다.

특검이 이 준칙의 존재를 모를 리 없을 것이다. 기자들도 마찬가지일 것이다. 특검은 그야말로 특별한 검사이므로 이 준칙을 준수할 필요가 없다고 특검이나 기자들 모두 판단한 것일까? 특검법에는 특별검사를 공무원으로 본다고 했으며, 이 준칙은 "검사 등 검찰공무원"이 준수해야 할 규정이라고 하니 그런 주장은 설득력이 없을 것이다. 아니면 법무부가 기자들의 취재와 보도를 최대한 통제하겠다고 만든 준칙이기 때문에 특검이나 기자 모두 국민의 알 권리를 위해 준칙쯤은 무시해도 좋다고 생각한 것일까?

이것은 준칙이란 이름이 붙여졌지만 그야말로 사건 관계인의 인권 보호와 수사의 공정성, 무죄추정의 원칙, 국민의 알 권리를 위한 최소한의 상식이 아닌가. 세상의 관심이 큰, 역사적 사건인 만큼 수사검사들도 훨씬 더 엄정하게 법과 절차를 준수하는 모습을 보여야 할 것이다. 언론이 뜨거운 관심을 보이고 격찬을 해 대니 분위기에 휩쓸려 신중함을 스스로 잃어버린다면 수사 결과마저 의심받을 수밖에 없다.

어느 국회의원은 지난 10년 동안 피의사실공표죄로 처벌받은 수사 관계자가 하나도 없다는 사실을 밝힌 적이 있다. 그만큼 검찰에서는 피의사실을 자신들의 의도와 목적에 따라 기자들에게 몰래 흘리거나 발표해도 문제가 없었던 것이다. 그러니 아무리 수사공보준칙을 만들어 봐야 별 소용이 없을 것이다. 형법 조항도 무시하는데 이 따위 준칙쯤이야.

결국 검사들이 만든 준칙을 검사들이 제대로 안 지킨다면 언론이 나설 수밖에 없지 않은가. 몇 가지 새로운 기삿거리를 던져 준다고 법 위반을 아무렇지도 않게 넘어가니 검사들이 피의사실 공표나 사건 관계인 인권을 침해하는 평가를 거침없이, 거리낌 없이 하는 것 아닌가.

기자들은 검사들이 말하는 것을 열심히 받아 적어 국민들에게 그대로 전달하면 된다고 생각하면 잘못이다. 그래야 객관적인 언론이 아니냐고 반문할지 모른다. 그것은 책임 있는 언론이 아니다. 아무리 검사가 말하더라도 그것이 진실인지를 확인하는 것은 언론의 책임이 아닌가. 검사의 말이 무조건 옳고 맞는 것은 아니지 않은가. 기자들과 검사들은 날마다 정보와 자료를 '거래'한다. 검사들이 나쁜 의도와 목적을 가지고 언론을 상대로 역정보를 흘리는 경우도 많지 않은가. 한국 언론은 검찰의 조직적인 기사 흘리기에 일방적으로 당하기 일쑤이지 않은가. 기자들의 지나친 경쟁을 교묘히 이용하는 검찰의 노련하면서도 비열한 기사 흘리기에 속수무책이지 않은가. 기자들은 특종을 구하기 위해 검사들에게 매달리고 구걸하기도 하지 않는가. 특종에 목을 매는 기자들은 검사들의 기사 흘리기의 동기나 목적이 무엇인지 따지기는커녕 알려고도 하지 않는가?

기자나 검사 모두 정의감이 충만하지 않으면 하기 힘든 직업이라고 스스로 자부하지 않는가. 기자들은 세상을 변화시키는 그들의 임무를 보다 더 잘 완수하기 위해 법과 협조하며, 법의 집행자인 검사들과 협조한다. 그러나 기자들이 법 집행 기관의 일부가 될 경우 공정하고 객관적이 될 수 없다. 사회정의를 위해 기자는 검사들의 협조자가 될 수는 있으나 검사들의 일신상 영달이나 개인적 자부심을 위한 비공식 오른팔이나 도우미가 되어서는 안 되지 않는가. 왜 수사 비밀을 지키고 인권보호를 해야 하는 특검이 법의 존재는 아랑곳없이 마구 떠드는 것을 그대로 두는가? 기자 본연의 책임을 다해, 그들의 발언을 가감 없이 전달하는 것과는 별개로 상식과 법에 어긋나는 발언에 대해서는 엄격하게 따져 시시비비를 가려야 할 것이다. 이미 특검에 대한 객관적 시각과 태도를 잃어버린 기자들에게 특검의 위법은 보이지 않았을 것이다.

날조된 기립박수와 눈물

하기야 마지막 브리핑을 한 이 특검보에게 보낸 박수를 두고 "훈훈한 특검 마지막 브리핑", "뜨거운 격려", "기자들 이례적 박수"라는 등의 민망한 기사를 쏟아낸 기자들에게 날카로운 비판을 기대하는 것은 난망難望이다. 아무리 기자도 인간이고 감정의 동물이라고 하지만, 브리핑장에서 감동을 했다고 박수를 치고 개인적 감정을 여과 없이 표출하는 기사를 쓰는 것은 너무 심하지 않은가. 마치 한국과 일본의 축구경기를 중계하면서 애국적 흥분이 지나쳐 마구 고함치는 아나운서와 무엇이 다른가? 설사 가슴은 뜨거울지라도 냉정함을 유지해야 하는 것이 기자정신이 아닌가.

그런데, 마지막 브리핑을 담은 동영상을 몇 번이나 확인해도 '뜨거운 박수'는 아니었다. 흔히 행사장에서 누군가 연설을 마치면 보내는 그저그런 박수에 지나지 않았다. 박수를 치지 않는 기자가 더 많아 보였다. '이례적' 박수가 아니라 '의례적' 박수로밖에 보이지 않았다. 특검이 아니라 어떤 조직이나 단체의 마지막 브리핑이라면 기자들이 그런 정도의 박수는 예의상 보내지 않을까라는 생각이 들었다. 그렇다면 특검에 대한 무한 애정을 가진 기자들의 과장 보도, 왜곡 보도라고 하지 않을 수 없다. 특검 칭찬에 안달이 난 기자들이 박수를 가지고 국민을 오도한 것이다.

그러한 특검에 대한 편애가 더 노골적으로 드러난 기사는 기자들의 기립박수에 관한 것이다. 한 기사는 특검의 활동에 격려를 하기 위해 회견장에 모인 기자들이 기립박수를 쳤다고 소개했다. 그러나 다른 기사는, 기자들이 기립박수를 위해 일어서려고 했으나 사진기자들이 촬영에 방해가 된다며 앉으라고 소리치는 바람에 기립박수는 무산되었다고 적었다. 어느 기사가 맞는가?

또 다시 확인해도 동영상에는 기립박수가 보이지 않았다. 사진기자들이 소리쳤는지는 브리핑장에 없었으니 정확히 알 수 없었다. "기립박수는 무산되었다"고 쓴 기자가 있으니 기립박수가 없었던 것은 분명하지 않은가. 결국 기립박수 기사도 거짓이라고 할 수밖에 없다. 요즘 언론이 심각한 사회문제라고 떠들고 있는 '가짜기사'였다. 그렇다고 기립박수 무산 기사도 진실한 것인지 불확실했다. 아무튼 '의례적으로, 앉은 채' 친 박수를 '이례적, 기립박수'로 조작하는 기자나, 사진기자들 때문에 어쩔 수 없이 기립박수가 못 나왔다고 애써 해명하는 기자나, 특검에 호의적인 기사를 만들기 위해 몸부림 친 그들이 안쓰럽다.

거기에다 "눈물의 브리핑. 마지막 브리핑에는 박수와 눈물이 교차했다", "브리핑 도중에 눈물을 보였다"라는 기사에 이르면 도대체 기자들의 편애는 어디까지인지 알 수 없었다. 도무지 이 특검보가 눈물 흘리는 장면을 동영상에서 찾을 수 없었기 때문이다. 편애의 압권이었다. 이 특검보는 오히려 브리핑하는 내내 가벼운 웃음을 띠고 있었다.

그런데 어떤 보도는 "기자실 나가는 길목서 잠시 눈시울을 붉히기도 했다"고 하고 다른 보도는 "이 특검보가 사무실 앞에서 살짝 눈물"이라고 했다. 어느 기사가 맞는가? 이 두 가지를 보면 이 특검보가 브리핑장에서 울지 않은 것은 틀림없어 보인다. 누가 봐도 알 수 있도록 이 특검보가 브리핑장에서 눈물을 보였다면 이런 기사가 나올 리 만무했을 것이다. 꼭 흘리지도 않는 눈물까지 만들어 신파조의 감동을 불러일으키고 싶었는가?

없는 기립박수에 없는 눈물까지. 없는 사실까지 만들어 가면서 그토록 간절하게 특검을 띄워 주는 의도와 목적이 무엇이었던가? 특검에 대한 기자들의 편애가 지나쳤다. 언론은 완전히 공정성과 객관성을 잃어버렸다. 그러니 특검 등이 밥자리에서 실언을 해도 아무렇지도 않게 열심히 그대로 중계하기에 바빴던 모양이다.

"헌재 심판일 재판장의 헤어롤러,

브리핑을 패션쇼로 만든 '공작새' 특검보…

중대한 일에 임하는 공직자라면

의관부터 한 치 흐트러짐 없이 정제해야"

4

'법꾸라지'

　미꾸라지는 특이한 민물고기다. 전통보양식 재료로 큰 사랑을 받는 고기이나, 사전에는 그것의 생물적 특성을 설명하는 항목 이외 다른 항목이 있다. 그 단어는 "자기 자신에게 이롭지 않으면 요리조리 살살 피하거나 잘 빠져나가는 사람을 비유"하는 부정적인 뜻을 포함하고 있다. 누구보고 "미꾸라지 같은 사람"이라고 하면 그 사람을 조롱하거나 깔보고 업신여기는 것이다. 자칫 인격 모독이 될 수도 있다. 함부로 쓸 말이 아니다. 비슷하게 생긴 생선이지만 '장어'의 사전 설명에는 그런 부정적인 항목이 없다. 하필 미꾸라지에만 그런 의미가 생겼는지 알 수 없는 일이다.

'법꾸라지'. 법과 미꾸라지의 합성어인 모양이다. 누가 만든 말인지 모르지만 말의 장난이 지나치다. 미꾸라지라는 단어는 순수 우리말이므로 '미'와 '꾸라지'를 떼어내서는 둘 다 독립단어가 될 수 없다. '꾸라지'는 무슨 뜻인가? 그런 단어는 없다.

어찌되었든 요즘 언론이 한창 '법꾸라지'라는 단어를 사용하고 있다. '법망을 요리조리 잘 피해 나가는 사람'을 가리키기 위해서인 모양인데, '법미꾸라지'라면 또 모르나 '법꾸라지'라는 조어를 쓰는 것은 도무지 말이 안 된다. 하기야 '멘붕(멘탈 붕괴)'이라는 어처구니없는 말도 만들어 내는 세상에 무슨 단어든 못 만들며, 사용하지 못할까. 언어 파괴가 대세라는데.

젊은 세대가 하도 이상한 말들을 많이 만들어 자기들끼리 소통하는 것을 어찌할 것인가. 질이 좋지 않은 정치인들이 오로지 관심을 끌기 위해 비속어를 남용하는 것은 그러려니 할 수 있다. 그러나 그러한 언어 유희를 언론이 공공연히 사용한다면 얘기는 달라진다. 언론은 바른 언어 사용의 모범이 되어야 하지 않는가. 언론의 중요 기능 가운데 하나가 교육 기능이라고 하니, 국민들이 정상적인 언어를 사용할 수 있도록 어휘 선택 하나 하나에 신중해야 할 것이다.

비속어 남발은 언론 품격 문제

언론이, 세간에 '법꾸라지'라는 신조어가 통용된다면 일단 소개는 할 수 있다고 생각한다. 세상에 일어나는 특이한 일을 전달하는 것이 언론의 할일이라고 하니까. 그러나 그것을 정상적 단어처럼 기사에 사용한다면 안 될 일이다. 시정의 잡배들이나 쓸 단어를 재미있다거나 특이하다고 언론이 쓰기 시작하면 언젠가는 공식적인 단어가 될 수도 있지 않은가. 그래서 우리말과 글이 혼탁해지고 품위가 떨어진다면 언론은 책임을 피할 수 없을 것이다. 언론의 품격도 떨어진다.

얼마 전 한국을 방문한 제임스 메티스 미국 국방장관이 우리나라 국방부를 통해 언론에게 자신의 별명인 '미친개 mad dog'를 쓰지 말아 달라고 요청했다는 사실이 보도되었다. 이에 앞서 미국 언론은 상원의 인준 청문회에서 해병 대장 출신인 메티스 장관 후보자가 "그 별명은 언론이 붙인 것이다. 제발, 제발 쓰지 말아 달라"고 했다며 "그가 그 별명을 아주 싫어한다"고 보도했다.

그 별명은 이라크전쟁에서 놀라운 용맹을 떨친 그에게 부하들이 붙여 준 것으로 알려졌다. 도널드 트럼프 대통령도 그를 지명하는 자리에서 '미친개'라고 불렀다고 한다. 별명이 생긴 경위가 어찌되었든, 대통령이 불러 주든지에 상관 없이 메티스 장관은 그렇게 불리는 것이 매우 못마땅했다는 것이다. 아무리 자신을 극찬하기 위해 붙여 준 별명이라도, '미친개'라는 원색적인 단어를 들으면 누구라도 흔쾌하지는 않을 것이다. 더구나 언론이 마구 사용한다면 기분이 좋지 않을 것은 분명하다. 메티스 장관의 요구 때문인지 모르겠으나 장관 전의 기사에는 그의 이름 중간에 으레 'mad dog'이 있었으나 장관 취임 이후 2017년에 나온 미국 언론의 기사에서는 그 별명을 찾기 어려웠다.

극찬하는 별명도 어감이 좋지 않으면 듣기 싫은 법. 하물며 아예 드러내 놓고 적대감을 드러내기 위해 부정적 의미의 별명을 붙인다면 그것만으로도 당사자는 가혹한 벌을 받는 기분일 것이다. 언론이 마구 그런 별명을 써 대면 당사자는 물론 그 가족까지 심한 모멸감을 느낄 것이다.

미꾸라지라는 단어에는 남을 조롱하거나 경멸하는 뜻이 내포된 것을 알면서도 법꾸라지를 사용한다면 일종의 명예훼손이나 모욕이 될 수도 있다. 더욱이 명색에 언론이 특정인을 겨냥해, 의도와 목적을 가지고 문법에도 맞지 않는 그런 비속한 단어를 사용한다면 법적 문제를 거론하기 전에 언론의 품위와 편파성이 문제가 될 것이다.

최순실 게이트가 터지면서부터 언론은 김기춘 전 실장과

우 병우 전 수석의 기사에 거의 어김없이 '법꾸라지'란 단어를 동원하고 있다. 옛 사람들이 이름 앞에 호를 붙여 부르듯 말이다.

> 법꾸라지 김기춘 이번에 잡히나

> 한번 법꾸라지는 영원한 법꾸라지

> 법꾸라지 김기춘 구속 놀라웠다

> 국격 떨어트리는 법꾸라지 우병우

> 법꾸라지 우병우는 한 수 위

> 두 법꾸라지의 엇갈린 운명

언론은 두 사람이 자신들의 법 지식을 충분히 활용해 법망을 피해 나가는 것이 매우 못마땅하다는 심사를 '법꾸라지'란 단어로 비난하는 것이다. 그 접두사를 붙이는 저변에는 두 사람은 무조건 죄인이므로 구속되고 유죄를 받아야 한다는 전제가 깔려 있는 것으로 보인다. 분명한 편견이다.

공정성과 객관성을 잃어버린 편파적 기사이다. 언론의 횡포가 지나치다.

기사들을 보면 우 전 수석은 법꾸라지라서 수사를 피하고 구속영장이 기각되도록 만들었다고 한다. 그래서 기사들에는 그가 얄밉고 괘씸하다는 분위기가 물씬 풍겨난다. 김 전 실장의 경우 법꾸라지인 그가 법망을 어떻게 빠져나가느냐 보자고 하더니, 구속되니 법꾸라지인데도 못 빠져나갔으니 어찌된 일이냐는 식이다. '그것 봐라, 고소하다'는 식이다. 도대체 언론의 기준은 무엇인가? 언론의 말대로라면 김 전 실장은 구속되었으니 '법꾸라지'가 아니지 않은가. 법의 그물을 못 피했는데 어떻게 법 미꾸라지인가. 그러나 재판 기사에도 어김없이 '법꾸라지'를 이름 앞에 붙이고 있다. 혹시 재판에서 빠져나갈까 언론은 우려하는 것이다. 이런 행위는 명예훼손이나 모욕을 넘어 인격살인에 가깝다.

짓밟힌 피의자의 자기방어권

두 사람은 검사 출신 변호사이다. 법 전문가이다. 자신들이 수사를 받을 때, 변호사를 고용하기도 했지만 무엇보다 자신의 전문지식으로 방어에 나선 것은 너무나 당연한 일이 아닌가. 그것을 어찌 문제 삼는가? 사건에 휘말린 세상 사람 가운데 변호사에게 법률 조력을 받지 않는 사람이 몇이나 될까? 돈이 없는 사람에게는 나라가 돈을 대 국선변호인을 붙여 주기도 하지 않는가. 개인 변호사든 국선변호인이든, 흉악한 살인범을 위해서도 변호를 한다. 그 변호사들은 최악의 인간을 위해서 최선을 다해 변호할 것을 요구받는다. 그러지 않을 경우 오히려 문제가 된다. 지극한 모순이다. 하지만 국민들은 그러한 처지를 이해하고 수용하지 않는가. 전쟁터에서 죽어 가는 적군을 치료해 살려주었다고 그 의사를 국가의 배신자라고 욕을 하지는 않는 것과 마찬가지일 것이다.

그런데 자신에게 닥친 심각한 위기를 해결하기 위해 자신이 가장 잘 아는 법 지식과 가장 능숙한 법 기술로 자기방어에 나서 최선을 다하는 것이 도대체 무엇이 문제인가? 변호사가 자신을 방어하는 것은 불법이며, 그 두 사람은 검은 돈으로 변호사를 고용했다는 말인가?

"피고인의 방어권은 헌법이 보장하는 신체의 자유에 바탕하고 있다. 이를테면 변호인의 조력을 받을 권리와 적법한 절차에 따라 재판을 받을 권리를 구체화한 국민의 기본권이다."

오래전 어느 언론에 실린 글이다. 그때 그 글을 실은 언론도 이번에는 자신에게 주어진 기본권인 방어권을 행사하는 두 사람에게 서슴없이 '법꾸라지'라고 경멸조의 기사를 쓰고 있다.

김 전 실장은 구속되었으니까 그렇다고 치자. 우 전 수석을 세 번이나 수사를 하고도 못 잡아넣은 검사들(특검 포함)은 어떻게 된 일인가? 영장을 두 번이나 기각한 판사는 어찌된 일인가? 우 전 수석이 마술이라도 부려 법망을 빠져나갔다는 말인가? 언론은 그의 국민 기본권이자 전문 직업적 능력인 방어력을 문제 삼기 전에 검사들의 허술한 공격 능력을 먼저 문제 삼아야 하는 것 아닌가. 정말 우 전 수석이 그렇게 잘못한 일이 많은 악질범이라고 확신하면, 도대체 특검은 어떻게 수사를 했기에 영장이 기각되도록 만들었느냐고 강력한 비판을 해야 하는 것 아닌가. "영장을 재청구하면 100퍼센트 구속될 것"이라는, 기차가 떠난 뒤 손 흔드는 특검에게 십자포화를 퍼부어야 마땅하지 않은가. 판사들의 잣대는 왜 그리 물렁한가, 영장신청사유를 읽기는 했느냐고 비판해야 할 것 아닌가. 아니면 언론이 자체적으로 시간과 돈을 아낌없이 투자해 끈질긴 추적을 벌여 아무리 '법꾸라지'인 우 전 수석도 꼼짝 못할 불법과 비리의 증거를 찾아내든가. 그러면 탐사보도의 진수요 개가가 될 것이다.

언론은 두 사람을 향해 "네 죄는 네가 알렷다"고 엄포를 놓은 것으로 보인다. 쓸데없는 변명일랑 포기하고, 죄를 자복自服하고 국민 앞에 사죄를 하라는 것 같다. 두 사람을 아예 악인으로 설정해 놓고 사건을 보도하고 있다. 도대체 무슨 증거를 가지고 그러는가? 무죄추정 원칙은 언감생심이다. 두 사람이 기자들에게 아무리 밉보였다 하더라도 감정으로 기사를 써서는 안 되지 않는가.

기자들은 분별 없고 경솔하게 내용을 보도하면서 마치 사실처럼 말하고, 아주 명료하게 사건 관련자가 유죄임을 추정하면서 시작한다. 재판이 끝날 때까지 무죄추정이라는 만국 공통의 개념은 간단하게 무시한다. 그 대신 이상한 만화나 그림 또는 센세이셔널한 가십으로 유죄추정을 더욱 공고히 한다. 김 전 실장과 우 전 수석에게 붙인 이상한 별명도 국민들이 유죄를 단정하도록 만들기 위한 도구이다.

기자는 자신의 감상과 감정, 선입견, 편견 등을 기사 속에 지나치게 주입하지 말아야 한다. 세상 사람들 대부분이 밉다고 해도, 기자들도 속으로 밉고 괘씸하다고 생각할지라도, 무릇 기자라면 그런 감정 등을 기사에 드러내서는 안 되는 것 아닌가. 그런 것들을 세상에 널리 알리고 싶다면 혼자서 블로그 등을 만들어 활동하면 되지 않는가. 그것이 훨씬 더 자유로운 활동 무대가 될 것이다.

무엇보다 기자라면 어떤 개인이나 기관을 선과 악이라

는 극단적 범주로 성격화하는 것을 피해야 한다. 그래서 가급적 주관적 감정이 내비치는 형용사나 부사, 수식어를 피해야 한다. 도대체 '법꾸라지'가 뭔가? 특검에 보내는 상찬에 비하면 사건 관계자들에 대한 언론의 태도는 너무 편파적이다.

5

'코트왕'과 '프라다를 신은 악마'

앵그리 버드 눈썹, 패션왕, 코트왕, 패셔니스타, 패션회사 CEO급, 센스왕, …

"90일 동안 특검의 '입'으로 살아 왔다"는 이규철 특검보에게 언론이 붙여 준 별명들이다. 모두 다 칭찬하기 위한 것들이다. 조금이라도 아니꼬운 심사에서 비꼬거나 비하하는 기미가 없는 것들이다. 기자들의 애정이 철철 넘쳐 흐르고 있다. 아무리 좋은 뜻으로 붙인 별명이라 하더라도 언론이 그렇게 하는 것이 적절한 것일까.

우선 국가적 대사를 브리핑하는 사람의 옷차림에 지대한 관심을 갖는 언론이 한심하다. 이런 것이 언론을 비판하는 사람들이 문제 삼는 선정주의이다. 특검보는 연예인이 아니지 않은가. 그가 옷을 잘 입든 못 입든, 그것이 언론이 그토록 지대한 관심을 기울일 만한 사안인가? 설사 생전 경험하지 못했던 언론의 플래시라이트에 들떠 그가 연예인 흉내를 낸다 하더라도 그것이 언론이 기사로 써야 할 사안인가? 사건의 본질과는 아무런 상관없는 개인의 차림새를 언론이 앞 다투어 기삿거리로 다루어야 하는가? 오히려 언론이 점잖게 나무라야 하는 것 아닌가. 시쳇말로, 오버하지 말라고. 국민의 말초신경을 자극해 관심을 끌려거나 혹은 클릭수나 시청률을 올리려는, 언론의 참을 수 없는 가벼움이 한심하다.

패션쇼가 돼 버린 특검 브리핑

언론이 쏟아냈던 기사들 가운데 몇 가지만 옮겨 보자.

이 특검보가 고급스러운 광택이 나는 소재로 검정색·회색·남색 등 다양한 소재의 슬림핏 코트를 선보이자 네티즌들은 '코트왕'이라는 별명도 붙였다. 특히 이 특검보가 가죽가방과 함께 이른바 '땡땡이 무늬' 도시락 가방을 늘 들고 다니는 모습이 공개되면서 친근감까지 든다는 얘기도 나온다.

이규철 특검보 패션은 출근길에서 가장 빛났다. 어떤 때는 진회색 캐시미어 코트로, 또 다른 날에는 진한 청색 캐시미어 코트로 멋을 냈다. 이 특검보에게 '코트왕'이라는 별명이 붙은 것이 결코 과언이 아니라는 것을 보여 준다.

이규철 특검보가 '코트왕'이라는 별명이 붙은 이유는 허벅지까지 내려오는 슬림핏 코트를 네이비, 브라운, 블랙 등 다양한 색상으로 갖고 있어서로 보인다. 특히 그가 착용한 코트는 모두 고급스러운 광택과 질감을 자랑해 "버는 만큼 입네"라는 누리꾼들의 감탄사를 불러 일으킨다.

코트만큼 눈길을 끄는 아이템은 머플러다. 코트의 색상에 따라 어울리는 색을 선택하는 감각과 코트 밖으로 머플러가 살짝 보이도록 매는 드레이프 연출에서 세련미가 물씬 자아난다.

이규철 특검보는 이지적인 인상을 풍기는 블루 계열의 슈트와 넥타이가 많다. 파란 셔츠와 네이비 정장 재킷을 매치할 때는 체크무늬 넥타이로 경쾌함을, 진중한 느낌의 검은색 또는 회색 재킷에는 핑크나 버건디 넥타이를 착용해 신뢰감이 느껴지는 슈트

룩을 선보였다.

넥타이는 폭이 넓지 않은 것을 고르고 벨트 선을 넘지 않도록 길이를 맞춰 맨다. 단정한 단색부터 화려한 패턴이나 비비드한 컬러까지 다양한 색상의 넥타이로 매번 다른 분위기의 스타일링을 완성했다.

이규철 특검보는 같은 아이템을 다양한 아이템에 매치하며 남다른 패션 센스를 엿보이기도 한다. 커다란 하운드투스 패턴의 녹색 머플러는 검은색 코트나 네이비 패딩 재킷 안에 활용했다. 광택이 돋보이는 화려한 보라색 넥타이는 은은한 타탄체크가 돋보이는 브라운 재킷이나 깔끔한 네이비 재킷에 매치해 색다른 분위기를 연출하기도 했다.

세련된 토트백+사랑이 가득한 도시락 가방

이 특검보는 카멜 색상의 가죽 브리프케이스를 들다 최근 검은색 가죽 토트백으로 가방을 교체했다. 카멜 브리프케이스는 코트 패션에는 물론, 셔츠의 위 단추를 풀고 니트웨어를 레이어드한 캐주얼 비즈니스 룩에도 적절한 포인트 아이템으로 사용됐다.

이러한 기사들은 국가적 위기라는 탄핵 정국과 밀접한 관련이 있는 인물을 다루는 기사라고 하기엔 낯이 뜨겁다. 그저 패션 전문 잡지에나 실릴 글들이다. 코트부터 시작한 옷차림 평가는 양복, 넥타이, 머플러까지, 그것도 모자라 서류가방에다 도시락 가방까지 극찬을 해 댔다. 무슨 '왕'이라는 유치한 별명까지 붙여 가면서 말이다. 법조인은 차치하고라도 연예인에 대한 차림새도 머리에서 발끝까지 이렇게 세세하게 훑어 가며 기사를 쓸 수 있는지 의문이 든다. '시시콜콜'이란 표현조차 부족할 정도이다. 그것도 하루 이틀도 아니고. 아무리 국민의 이목을 받고 있는 인물이라 할지라도 도시락 가방까지 챙겨 가며 칭찬하는 것은 도가 지나치지 않은가. 아부라고 해도 지나치지 않을 것이다.

코트가 어떻게 생겼으며 머플러의 색깔이 무엇인지가 특검의 수사 능력, 방향, 내용과 무슨 상관이 있는가? 과연 그런 것들이 국민의 알 권리를 위한 것인가? 국민들이 사건의 진실을 파악하고 그 흐름을 판단할 수 있게 하기 위한 중요하고도 가치 있는 정보들인가? 기자들이 얘기하는 이른바 '국정 농단'의 실체를 파악하는 데 어떤 도움이 되는 것들인가?

기자들이 취재원에 대한 나쁜 감정을 그대로 드러내는 것도 문제지만, 좋은 감정을 드러내는 것도 문제이다. 모두 똑같은 편견이다. 기자들도 인간이라 완벽하게 편견을 피할 수야 없겠지만 정도껏 해야 하는 것 아닌가. 중대한 정치적, 사회적 파장을 낳고 있는 사건을 다루는 기사일수록 기자들은 최대한 중립적인 용어와 표현으로 보도의 객관성을 유지해야 하는 것 아닌가. 이 특검보의 출근길만이 아니었다. 그가 수사 브리핑 할 때조차 '패션왕' 등의 별명을 붙여 보도를 한다면 언론은 이미 저널리즘의 기본 원칙인 중립적, 객관적 태도를 포기했다고 봐야 한다. 아예 선정주의로 나가자고 작정을 했다고 봐야 한다.

거기에다 굳이 색깔까지 외래어로 표현해야 하는가? 기사마다 웬만해선 알기 어려운 외래어를 마구 남발하는 것은 정상적인 언론이라면 할 일이 아니다. 정말 어느 나라 언론의 문장인가? '하운드투스', '버건디', '타탄체크', '레이어드', …. 이런 단어들을 금방 이해할 수 있는 국민들이 몇이나 될까? 누구를 위한 기사인가?

'공작새' 특검보가 더 문제

기자들도 문제지만 이 특검보도 문제다. 그에게 묻고 싶다. 적어도 양식 있는 법조인이라면, 우선 자신에 대한 관심이 자신이 하고 있는 일과는 전혀 상관없는 것들에 쏠리면, 무언가 잘못되어 가고 있음을 느껴야 하지 않겠는가. 자신은 흥행 때문에 인기몰이를 해야 하는 배우나 가수가 아니지 않은가. 대통령의 탄핵에 직·간접 관련이 된, 그야말로 엄숙하고도 엄정한 일을 해야 하는 특검의 일원이지 않은가. 그런 자신이 사건의 본질에서 벗어나도 한참 벗어나 가벼운 흥밋거리의 대상이 되고 있다면 '이것은 아니다'라는 생각을 해야 하지 않겠는가. 아무리 언론이 호들갑을 떨고 북새통을 피우더라도 사건의 무게 등을 감안하면 보다 진중하게 행동했어야 하는 것 아닌가. 재빨리 조신하게 차림새를 바꾸었어야 하는 것 아닌가. 그런 보도를 즐기는 태도로, 아니, 보도를 활용하는 듯한 태도로 나날이 옷에다 머플러에 가방까지 바꾸어 나타나는 것은 아무리 공보관이라도 할 일이 아니지 않은가. 꼭 역사적 사건을 다루는 사람이 아닐지라도, 보통사람이라면 상상하기 어려운 화려하고도 비싼 옷차림과 소품을 날마다 챙기는 것이 적절한 행동인지 생각을 안 해 봤는가? 혹시 자신이 입는 옷 등이 모두 고급임을 안 국민들이 "버는 만큼 입네"라고 감탄했다니 그 눈썰미에 흐뭇해 하며 자랑스러워 했는가? 옛 선비들이 말한 '의관정제'의 참 뜻을 알고는 있는가?

캐시미어 코트만 해도 고급 중의 고급 옷이다. 백화점에 가면 해외 유명 상표는 한 벌에 수천만 원이 넘는다고 한다. 한 인터넷 쇼핑몰에서도 최고 비싼 것은 2,700여만 원이었으며 1천만 원대를 전후한 제품들이 수두룩했다. 이 특검보의 캐시미어 코트가 무슨 상표이며 얼마짜리인지는 알 수 없다. 기자들이 고급이라고 했으니 그렇게 짐작할 뿐이다. 적어도 한 벌에 100만 원은 넘지 않을까 싶다. 그렇게 비싼 옷을 색깔별로 갖추려면 얼마나 큰돈이 드는가? 거기에다 온통 고급 치장품에다 고급 가방까지 들려면 하루치 차림새에만 얼마나 드는가? 웬만한 고소득자가 아니면 엄두도 못 낼 액수가 아닐까. 그렇게 하는 것이 본인의 개성이며 기호라고 한다면 굳이 뭐라고 말하기 어렵다. 괜한 시비를 거는 것으로 오해하기 쉬울 것이다. 내 돈 가지고 내 마음대로 하는데 누가 뭐라고 하느냐고 정색할 수도 있을 것이다. 하지만 그는 사회적 모범이 되어야 할 지도층 인사가 아닌가. 시국이나 경제상황 등 나라 형편을 모를 리 없으니 서민들을 생각해서라도 좀 자제하고 겸손하게 국민 앞에 나서야겠다는 생각을 하지 않았는가? 그냥 아무도 관심을 기울이지 않던 특검 전 시절, 자신의 개인 사무실에 출근하면서 그랬다면 누가 뭐라고 하겠는가 말이다.

야하고 유치한 언론, 선정적이고 자극적인 언론, 무책임한 언론, 믿거나 말거나 한 언론 등을 경멸하고 조롱할 때 우리는 '타블로이드 언론'이라고 부른다. 타블로이드 언론, 일명 황색지(옐로 페이퍼)는 "선정적인 범죄 기사와 명사들과 유명 운동선수들에 대한 잡담거리, 정크푸드 뉴스와 점성술 등을 강조하는 언론 형태"이다(위키피디아). 타블로이드 언론은 원래, 보통 신문보다 작은 크기의 신문을 말했다. 신문의 형태를 구분하기 위해 만든 단어였으나 매체 종류에 관계없이 이제 저질 언론을 가리키는 대명사가 되었다.

세상을 떠들썩하게 만든 재판과 사법기관의 수사에 대한 시시콜콜한 기사와 사건 관계자들의 개인생활에 대한 세세한 설명이 역사적으로 타블로이드 언론의 주 재료였다. 그러나 이제는 주요 신문이나 방송도 똑같이 그런 것들에 매달리고 있다. 여기에 인터넷 매체들도 가세하고 있다. 그런 타블로이드 언론이 중요 사건이나 재판에 대한 독자의 관심을 호도하면서 '타블로이드 재판'이란 말까지 생길 정도이다.

미국이나 영국 등지에서는 타블로이드 언론이 그렇지 않아도 무능하고 분별없는 검사와 판사들을 마음대로 주물러 마치 철없는 바보처럼 굴도록 만든다는 혹독한 비판을 받고 있다. 그런 타블로이드 언론들이 번성하는 가운데, 많은 지식인들조차 제대로 생각을 못 하기 때문에 수사나 재판이 혼란스럽게 이뤄지고 있다는 것이다.

오죽했으면 영국의 한 대법관은 타블로이드 언론이 수많은 선정적 기사를 쏟아낸 형사사건의 재판에서 배심원들에게 "법정 밖에서 재판과 관련해 보고 들은 어떤 것도 다 무시하라"고 당부했다지 않은가. 그는 "피고인들이 재판을 받고 있다. 영국의 사법부도 역시 재판을 받고 있다"고 말했다. 저질 기사들이 사건 수사는 물론 재판까지 지배하고 있는 현실을 개탄한 것이다.

싸구려 기사들이 넘쳐 나면서, 진짜 범죄자를 찾는 가운데 억울한 사람은 보호하는 언론 본연의 기능이 심각하게 퇴색했다. 언론의 교육 기능이나 권력에 대한 감시·비판 기능이 타블로이드 저널리즘의 연예·오락 기능에 압도당한 지 오래다. 국민들 누구나 느낄 것이다. 텔레비전은 말솜씨로 먹고사는 연예인 천국이 된 지 오래다. 신문이나 인터넷 매체도 연예 기사에 힘을 쏟는다. 온라인의 클릭수를 올리는 데는 연예 등 오로지 재밌는 기사가 최고라고 생각하기 때문이다. 시시각각 재는 시청률과 클릭수 독재가 언론의 질을 한참이나 떨어트린다는 비판이 거세다. 언론들이 특검보를 인기 연예인처럼 취급해 클릭수 올리기에 재미를 봤는지 모르겠다. 광고가 더 붙었는지 모르겠다.

구두 한 짝으로 마녀가 된 피의자

이규철 특검보가 몸치장으로 언론의 지극한 사랑을 받은 것과 너무나 대조적으로 최순실 씨는 구두 한 짝 때문에 언론의 뭇매를 맞았다. 감히 어림짐작도 하기 어려운 이 특검보의 값비싼 차림새를 두고 언론은 온갖 화려한 수식어로 상찬을 했다. 그러나 최 씨의 80만 원대 구두를 두고 언론은 온갖 트집을 잡고 매도를 했다. 검사와 피의자를 다루는 언론의 태도는가 이렇게 달랐다. 극과 극. 이런 편향이 어디에 또 있을까.

문제의 구두에 관한 기사들을 살펴보자.

프라다 신발 벗겨진 최순실 "곰탕 먹고 진정"

최순실 씨가 31일 오후 피의자 신분으로 서울중앙지검에 출석할 때 '프라다' 상표 구두를 신고 있었던 것으로 드러났다. 최 씨가 이날 검찰에 모습을 드러내자 몰려드는 시위대와 기자들로 인해 밀려 넘어질 뻔하면서 구두가 벗겨졌다. 최 씨가 구두가 벗겨진 채로 검찰 청사에 들어간 직후, 검찰 직원이 그의 구두를 가져다 준 것으로 전해졌다.

방송 카메라 등에 잡힌 최씨 구두는 이탈리아 명품 브랜드인

'프라다' 상표의 검은색 구두였다. 최 씨가 신고 있던 구두의 모델명 등은 아직 확인되지 않았지만 비슷한 구두의 경우 국내 한 쇼핑몰에서 약 88만 원 정도에 팔리고 있다.

그는 이날 검은색 모자와 머플러, 검은색 외투 등 검은색으로 의상을 통일한 상태로 카메라 앞에 나타났다. 한편 서울 강남구 신사동에 있는 최순실 씨 자택의 신발장에서도 유명 수입 명품 브랜드 로고가 박힌 구두와 상자들이 가득 나타났었다.

이를 본 누리꾼들은 영화 〈악마는 프라다를 입는다〉를 빗대 "최순실의 벗겨진 신발. 악마는 프라다를 신는다"라며 비난을 이어 가고 있다. 현 의혹과 해당 영화와의 연결고리는 없으나 '악마'라는 표현에 초점을 맞춘 것으로 보인다.

물론 명품을 소유하는 것은 잘못이 아니다. 그러나 최순실의 경우는 다르다. 그가 소유한 명품은 국민들이 낸 세금을 운용해 구매한 것일 가능성이 높기에 이런 결과를 가져온 것으로 보인다.

이들 기사는 영락없는 타블로이드 기사들이다. 선정주의의 극치이다. 그러나 한 매체는 "각 분야별로 대표적인 여성혐오 기사를 꼽아 본다면 다음과 같다. 정치면에서는 정치인이나 사회적으로 권력을 가진 이가 여성인 경우, 그 업적보다 외모나 패션, 장신구 등을 강조하는 보도다. '최순실 게이트' 보도 당시 조윤선 전 장관의 화장 전후 모습을 보도하거나 최순실 씨가 검찰 출석 당시 '프라다 신발'을 신었다는 것을 강조하는 보도들이 대표적이다"라고 지적했다.

정곡을 찌르는 기사라 하지 않을 수 없다. 최 씨 구두 기사는 변명할 여지 없는 여성혐오 기사이다. 그러나 프라다 구두 기사들은 여성혐오보다 더 심각한 문제를 내포하고 있다. 언론은 무죄추정의 원칙을 개의치 않고 개인의 인권을 무참하게 짓밟았다. 남성과 여성을 노골적으로 차별했다. 수사검사와 사건 관계자를 극단적으로 차별했다. 기업의 명예를 실추시켰다.

언론은 이규철 특검보가 명품을 걸치고 들면 '패션왕'이요, 최순실 씨가 명품을 신으면 '사치의 상징'이라고 구별했다. 앞에 예를 든 기사들을 비교해 보라. '차림새'라는 같은 주제를 두고 사람에 따라 어쩌면 그렇게 극과 극으로 다른 내용이 나올 수 있는가? 머리에서부터 발끝까지 명품으로 휘감았다 해도 지나치지 않을 사람은 세상에서 더없는 멋쟁이, 센스쟁이, 훈남으로 미화했다. 반면, 달랑 명품 구두 하나 신은 사람은 악마처럼 만들었다. 극단적 이분법이 아닐 수 없다. 이 특검보는 남자에다 수사검사이기 때문인가? 그는 선이고 최 씨는 악이기 때문인가? 언론이 보인 편견의 도는 정도를 넘어섰다.

최순실 씨가 국정을 농단했다는 의혹이 제기되면서 끓기 시작한 비난 정서는 그가 신은 프라다 구두로 인해 불난 집에 기름을 부은 격으로 번져 나갔다. 누가 신은 구두 한 켤레가 언론의 단독 기삿거리가 된 것을 지금까지 본 적이 없다. 백설공주도 아니고. 참으로 이례적이다.

어떤 기사는 "프라다 구두를 신고 있는 것으로 드러났다"로 시작했다. "드러났다"는 표현은 그동안 알고자 노력했으나 애써 숨겨져 온 뭔가 비밀스런 일이나 좋지 않은 일이, 아니면 뭔가 감추어졌던 부정부패 등이 밝혀졌을 때 사용하는 표현이 아닌가. 최 씨가 어떤 구두를 신고 있었는지 국민들이 그렇게도 알기를 원했는가? 명품 구두를 신고 있다는 사실이 사회적 비밀인가? 아니면 척결해야 할 부정부패인가? 최 씨는 자신이 명품 구두를 신고 있다는 사실을 애써 감추어 왔는데 드디어 언론에 의해 들통이 났다는 것인가.

사실 세계 10위권의 경제력을 가진 대한민국에서 누가 외국산 명품을 좀 걸쳤다고 해서 언론이 문제 삼는다면 유치한 일이 아닌가. 설사 누가 국가 대역죄를 지었다 해도 그 사람이 신은 구두를 문제 삼는 것이 과연 이성적인 언론이 해야 할 일인가? 범죄가 밝혀진다면 그것을 준엄하게 비판하면 되지, 애꿎은 구두를 가지고 수사를 받기도 전에 그를 이상한 사람으로 몰아 가는 것은 의도적이라 하지 않을 수 없다.

언론이 굳이 특정 상표를 들먹인 것은 최 씨가 사치벽이 있음을 넌지시 풍기기 위함일 것이다. 그것으로 일반 국민 속에 위화감을 조장해 여러 가지 의혹을 사실처럼 인식하게 만들려는 의도로밖에 볼 수 없다. 최 씨는 조사를 받으러 가면서부터 언론에 의해 '악인'으로 정형화되었다. 명품 구두는 최 씨를 악인으로 고착화하기 위해 언론이 찾아낸 기막힌 호재였다. 구두 하나만으로도 이미 최 씨는 '국민 밉상'이 되어 버렸다. 구두 때문에 이미 언론재판, 여론재판으로 유죄가 되어 버렸다. 전형적인 언론의 마녀사냥이 아닐 수 없다. 기사는 처음부터 객관성과 공정성을 잃고 있다. 언론을 저잣거리의 조롱거리로 전락하게 만든 타블로이드 저널리즘의 진수를 보는 것 같다.

게다가 기자들은 무슨 이유로 최 씨가 넘어져 구두가 벗겨질 정도로 밀쳐 댔는가? 조사를 받으러 온 사람이라고 해서 그런 지경을 당하도록 만들어야 하는가? 최 씨는 국정 농단을 한 사람이니 그렇게 아무렇게나 취급해도 된다고 생각했는가? 또 다른 인권 무시이다. 기자들은 국민의 알 권리를 위해 열심히 취재하다 보면 그럴 수 있는 일이라고 변명할지 모르나 그들은 개인의 인권을 보호해야 할 책임과 의무가 있다. 전국에 중계방송되는 상황에서 기자들끼리 서로 밀고 당기다가 급기야는 조사받으러 온 사람에게 봉변을 준다면 국민들이 기자들을 어떻게 볼지 생각해 봤는가? 수사기관 청사 앞에서나 공항 출구 앞에서 종종 벌어지는 기자들의 지나친 경쟁 행태는 많은 사람들의 눈살을 찌푸리게 한다는 점을 그들은 알 필요가 있다. 기자라는 직업이 어렵고 힘든 일임을 많은 사람들은 알고 있다. 그러나 힘든 일을 한다고 해서 무례하고 거친 행동이 정당화될 수 없다. 기자들만 힘든 일을 하는 것은 아니지 않은가.

특검보의 사치는 무죄?

기자들은 이 특검보에게 무슨 돈으로 그렇게 비싼 치장을 날마다 하느냐고 묻지 않았다. 그것도 남자가. 정말 궁금하지도 않았는가? 언론은 명품일지라도 그가 걸치는 것은 당연하다는 것으로 받아들였다. 프라다 구두가 검찰청사 앞에서 벗겨질 당시의 언론 보도대로라면 최순실 씨는 10조 원대 부자다. 한참 뒤 특검 수사결과에서는 228억 원을 가진 것으로 밝혀졌다. 어느 쪽이든 보통 사람들은 상상하기 어려운 부자이다. 그런 최 씨가 88만 원짜리(나중에 구두 회사는 72만 원이라고 밝혔다) 구두 하나 때문에 그렇게 욕을 먹어야 하는지 알다 모를 일이다. 게다가 그는 남자보다는 훨씬 치장에 공을 들이는 여자 가운데 한 명이 아닌가. 기자들은 최 씨 집에 가면 더 많은 명품 구두가 있다고 반박할지 모르나 그들에게 이 특검보는 도대체 캐시미어 코트를 몇 벌이나 갖고 있는지 확인해 봤는지 묻고 싶다. 이 특검보가 변호사 하면서 얼마나 많은 돈을 벌었는지 모르겠지만 돈에 있어서는 감히 최 씨의 상대가 될 수 있을지 모르겠다. 가히 족탈불급이 아니겠는가. 그런데도 언론은 이 특검보를 패션 우상으로 만들면서도 그의 사치성 기호에 대해서는 어떤 언급도 하지 않았다. 오히려 최 씨를 극도로 혐오스런 사치의 상징으로 만들어 버렸다.

특히 언론은 최순실 씨의 구두는 국민 세금으로 산 것일 수 있어 화가 난다고 했다. 지나친 억측이 아닌가. 최 씨가 국민 세금을 언제 어떤 방법으로 착복했다는 것을 정확하게 밝힌 뒤에라야 화를 낼 수 있는 것 아닌가. 더구나 언론 스스로 최 씨가 10조 원대 부자라고 했는데 그 부자가 남에게서 돈을 받아 구두를 샀겠는가. 최 씨를 매장하기 위해 마구 쓴 기사라 하지 않을 수 없다.

한편, 방송을 보면 식당 등을 소개하는 프로그램의 경우 가게의 이름이 드러나지 않도록 간판 등을 가린 화면, 거리에서 그냥 지나치는 배경의 가게 간판 등도 알아볼 수 없게 흐릿하게 처리한 화면을 볼 수 있다. 뉴스도 마찬가지이다. 그것은 특정 가게나 상품을 홍보한다는 오해를 피하기 위해서이다. 반대로 범죄 등 나쁜 사건사고와 아무런 관련이 없는 가게나 상품이 우연치 않게 현장의 배경으로 잡힐 경우 엉뚱한 피해를 막기 위해서 모자이크 처리를 한다. 마침 이 글을 쓰는 도중에 한 케이블방송에서 유명 가수가 등산하는 모습을 봤다. 카메라는 한 발 한 발 산을 오르는 그 가수의 무릎 아래를 가까이서 잡았다. 그러나 등산 신발이 어떤 제품인지는 로고가 붙은 쪽을 흐릿하게 처리해 알 수 없었다. 이렇게 하는 것이 방송의 기본적 의무라고 한다.

그런데 이번에는 온 언론이 어쩌다 벗겨진 신발의 상표를 보여 주며 가격까지 다 알려주었다. 많은 사람들에게 팔리는 세계적 명품 구두를 최 씨가 신었다는 이유만으로 아무나 함부로 신어서는 안 되는 신발처럼 만들어 버렸다. 최 씨의 이미지를 조작하기 위해, 공개할 이유도 필요도 없는 상표를 국민들에게 보여 주었다. 언론은 개인을 비난하기 위한 방편으로 특정 회사를 악용했다. 무슨 불량품을 고발하는 것 같았다. 프라다는 밀수품이 아니다. 우리나라 곳곳에

매장이 있는 해외 상표이다. 프라다 상품에 불량품이 발견된 것도, 그 회사가 탈세 등 불법을 저지른 것도 아니다. 더구나 범죄의 도구로 쓰인 것도 아니다. 최 씨가 넘어지면 그것만 다루면 그만이다. 그런데 왜 벗겨진 구두를 문제 삼고 프라다 상표를 집중 조명하는가? 언론이 프라다란 이름을, 악의적으로 비난하는 인물과 관련된 기사에 공개하면 그 상표에는 억울한 피해가 생길 수밖에 없다. 이미지 손상이 클 수밖에 없을 것이다. 도대체 프라다에게 무슨 죄가 있는가? 언론은 그 피해를 어떻게 책임질 것인가?

오늘날 언론은 특정 사건과 그 관련 인물들에 대한 국민들의 인식과 평가에 막대한 영향을 미친다. 언론은 자신과 정치적 성향이나 견해가 다른 사람들을 대체로 삐딱하게 바라본다. 누구든 범죄에 연루되면 그 사람의 약점 캐기에 바쁘다. 언론은 그런 사람들의 인간성조차 마음대로 폄하하기 일쑤다. 사실 확인도 없이 무조건 스캔들로 만들어 대중들을 선동하며 대중들이 그들을 무조건 의심하고 불신하도록 조장하는 경향이 있다. 언론은 사실을 과장 왜곡하거나 생략함으로써 사건의 실체와 인물의 이미지를 바꾸기도 하지만 사건의 맥락과 의미도 바꾸는 능력을 가지고 있다. 언론은 독자나 시청자들을 얼마든지 조종할 수 있는 것이다.

언론이 피의자 등 사건관계자는 물론 판사 검사 변호사

들을 어떻게 조명하고 묘사하느냐에 따라 많은 국민들은 그들에 대한 인상과 인식을 형성하게 된다. 대다수 국민들은 언론이 아니면 사건이나 사건 관계자들에 대한 정보와 지식을 얻을 수 있는 통로가 없기 때문이다. 그렇지 않으면 '찌라시'나 시중의 소문 밖에 없지 않은가. SNS를 타고 온갖 주장과 소문이 유포되지만 솔직히 말해 엉터리가 너무 많지 않은가. 그러니 어쩔 수 없이 신문이나 방송 등의 언론에 의존할 수밖에 없다.

더욱이 언론이 집중적으로 반복적으로 뉴스를 쏟아내니 국민들은 한때 거부감이 들다가도 자신도 모르는 사이 세뇌가 되고 만다. 그래서 언론이 사건의 성격이나 방향을 일방적으로 규정하더라도 보통사람들은 별 생각 없이 수긍한다. 언론이 나쁜 사람이라고 하면 그대로 나쁜 사람이라고 믿고 받아들이며 그들을 향해 비판과 욕설을 퍼붓는다. 언론이 좋은 사람이라고 하면 그 반대로 칭찬을 퍼부으며, 연예인들에게 매력을 느끼듯 그들에 빠져들기도 한다. 그것이 국민여론이라는 이름으로 언론에게 되돌아오니 언론은 신이 나 나쁜 관련자는 더 나쁘게, 좋은 관련자는 더 좋게 만들기 위해 구석구석 뒤져 사건의 실체와 본질과는 아무 상관없는 시시콜콜한 것까지 찾아내 확대재생산한다. 악순환이 되는 것이다. 그래서 사건은 어느새 연예 이벤트처럼 변질해 버리며, 그 속에서 개인이나 기업 등에 명예훼손, 모욕 등이 일어나고 인권이나 인간의 존엄성은 무참하게 짓밟히기도 한다. 기업은 말할 수 없는 경제적 손실을 입게 된다.

이규철 특검보의 차림새와 최순실 씨의 구두에 대한 기사 비교에서, 언론이 마음만 먹으면 사건은 물론 사람들을 어떻게 죽이고 살릴 수 있는지를 잘 알 수 있다. 이 특검보는 갖가지 명품을 걸치고도 영웅 대접을 받는가 하면 최 씨는 구두 하나로 만신창이가 되어 버린 것이다. 타블로이드 언론이 따로 없다. 그것이 바로 전형적인 타블로이드이다.

검사나 판사, 변호사 앞에만 서면 한없이 작아지는 언론이 딱하다. 약자는 쉽게 무시하고 짓밟는 언론이 잔인하다.

"언론은 무죄추정의 원칙을 짓밟았다.

남성과 여성, 검사와 피의자를 차별했다.

클릭수에 여념 없는 저질 기사들이

사건 수사는 물론 재판까지 지배한다."

6

차병원그룹의 피해

"특검은 차병원그룹에서 근무하는 일본 도쿄 셀 클리닉 면역세포치료 담당 의사, 제대혈 관련 의사, 전직 알 앤 바이오 관련자 등을 조사했으나 차병원그룹이 박 대통령을 상대로 국내에서 불법으로 줄기세포 치료를 했다는 증거는 발견하지 못했고 차병원그룹 특혜 의혹의 실체를 확인할 증거를 찾지 못했다고 덧붙였다."

2017년 3월 6일 특검의 수사결과 발표를 보도한 언론들의 기사 가운데 하나이다. 수사결과 차움 등 차병원그룹에 정부가 특혜를 제공했으며, 박 전 대통령에 병원이 불법으로 줄기세포치료를 했다는 언론들의 의혹이 모두 혐의 없음으로 밝혀졌다는 것이다.

　아마 이번 최순실 게이트에서 주인공 최 씨만큼이나 언론의 무차별적 공격과 비난을 받은 이가 있다면 차병원그룹일 것이다. 언론은 대통령과 병원의 유착 의혹을 폭로했다. 박 전 대통령이 대놓고 병원을 봐주었다고 떠들어 댔다. 유명 드라마 여주인공의 이름까지 등장시키는 등 온갖 시시콜콜한 얘기와 소문, 험담 등으로 의혹을 부풀리고 퍼트렸다. 신뢰가 생명인 병원을 아예 복마전으로 만들어 버렸다. 그런데 아무 혐의가 없다니. 언론이 그렇게도 믿었던 특검이 언론을 배신한 것인가? 특검이 차병원그룹을 봐주었을리 만무하지 않은가. 언론의 의혹 제기는 아무 근거 없는 무책임한 보도였다. 허위보도였다. 의혹 제기만 하면 그만인가? 아니면 그만이고? 언론의 책임성은 어디로 갔나? 병원이 입은 막대한 피해는 누가 보상하는가?

"복마전 차병원… 아니면 말고"

　허위보도의 발단은 어느 종편 텔레비전이었다. 이 방송은 단독보도라고 주장했다. '단독'이라고 내세우는 것은 그만큼 자신들의 취재 능력이 뛰어나다는 것을 자부한다는 뜻이었을 것이다. 방송은 앵커가 조목조목 짚으면서 의혹을 폭로했다. 화면에는 굵은 제목이 잇달아 나타났다.

'차움' 운영 차병원 동시다발 정부지원

최 씨 일가 차움 고객 — 박 대통령도 진료

최순실 박 대통령 주사제 대리처방

차병원의 특혜 의혹
- 차병원 연구소에서 업무 보고
- 박근혜 대통령 이란 중국 방문 시 경제사절단에 포함
- 줄기세포 연구 조건부 승인
- 연구중심병원으로 선정, 192억원 국고 지원

(앵커) 이 병원을 계열사로 둔 차병원의 연구소에서는 올해 1월 대통령 업무보고가 열렸고 이후 각종 사업 승인과 국고 지원도 받았습니다. […] 그런데 취재 결과, 최순실 씨와 딸 정유라 씨 언니인 최순득 씨와 조카 장시호 씨, 전 남편 정윤회 씨까지 모두 이 병원의 주 고객이었던 것으로 나타났습니다. 박근혜 대통령도 지난 대선 당시 병원을 여러 번 찾아 진료를 받은 사실도 확인됐

습니다. 이 병원 내부 관계자를 취재했는데요. 대통령 취임 이후에도 박 대통령의 주사제를 최순실 씨가 대리처방받아 갔다고 폭로했습니다. 의료법 위반을 거론하기에 앞서서 대통령 건강은 안보와 직결되는데 이런 일까지 의료진이 아닌 최순실 씨가 맡았다면 심각한 문제가 아닐 수 없습니다.

제목 하나하나가 상당한 폭발력을 지닌 폭로였다. 이 가운데 한 가지만 사실로 확인되어도 차병원그룹은 물론 박 전 대통령에게도 치명타가 될 것으로 보였다. 제목만 보더라도 병원과 대통령은 엄청난 유착 관계에 있음을 느낄 정도로 보도는 자극적이었다. 거기에다 앵커는 모든 것이 의혹이 아니라 사실임을 전제로 말하는 듯했다.

이 방송을 필두로 각종 매체들은 온갖 의혹을 제기했다. 일개 병원을 상대로 언론은 벌떼처럼 달려들어 상처를 내기 시작했다. 문제의 종편의 앵커는 물론 기자들은 차병원만 뒤지면 박 대통령이나 최순실 씨를 한 방에 무너뜨릴 비리를 찾을 수 있다는 확신에 차 있는 것처럼 보였다. 기자들은 누가 "카더라"라고 하기만 하면 검증 확인도 없이 바로 사실로 단정하는 듯했다. 결과적으로 특검 수사는 이 종편방송을 비롯한 언론의 의혹 제기가 모두 허위임을 밝혀낸 셈이다.

언론은 차병원그룹이 운영하는 차움병원을 박 전 대통령도 얽힌 비리의 출발지로 몰아갔다. 병원의 성격이나 운영에 대해 근거 없이 부정적인 얘기를 쏟아냈다. 이미 다른 기사들을 통해 '악인'으로 정형화된 최순실 씨가 다녔던 병원이니 당연히 나쁜 병원이란 선입견과 편견을 가지고 취재를 시작했는가? 아니면 최 씨와 박 전 대통령이 일반인 시절 다녔던 병원이니 당연히 나쁜 병원으로 만들어야 한다는 의도와 목적을 가지고 취재를 시작했는가?

　관련 기사들을 더 살펴보자. 기사들은 우선 최순실 씨는 물론 가족들까지 차움병원을 다닌 것을 문제 삼았다. 그리고 병원으로부터 특혜를 받았다고 주장했다.

　　최 씨가 오래 동안 차움 병원을 다닌 사실이 확인됐다.

　　회원도 아니면서 VIP 진료를 받고 갑질까지 했다는 주장이 나왔다.

　　차움병원에서 근무했던 의사 A씨는 통화에서 "(최순실 씨는) 회원이 아닌데도 차움병원에 자주 들러 진료와 치료를 받았던 기억이 난다"고 말했다.

최 씨와 언니 최순득 씨는 회원으로 가입하지 않았으면서도 차움병원에서 VIP 대접을 받으며 자주 드나든 것으로 나타났다. 차움병원이 왜 최 씨 등에게 진료 특혜를 제공했는지 의문이 제기되는 대목이다.

　　언론은 최 씨가 차움병원이 세들어 있는 주상복합건물의 오피스텔 입주민이라는 사실을 몰랐는가? 그것은 아주 손쉽게 확인할 수 있는 사안이 아닌가. 기자들이 몰랐다면 자격 미달이다. 그리고 자기 집 아래층에 있는 병원을 자주 다니는 것은 누구라도 당연한 일 아닌가. 생필품 몇 가지 사러 집 앞의 편의점 아닌, 차 타고 대형 마트를 늘 가는 경우는 드물지 않은가. 언론이 그것을 문제 삼는 것은 난센스다. 기자들은 최 씨가 다닌 곳은 무조건 문제 있는 곳이란 도식을 만들어야 하니 근접성은 애써 무시했을 것이다.

　　차움병원은 회원이 아니더라도 얼마든지 진료를 받을 수 있는 곳이라는 사실도 약간만 취재하면 알 수 있는 일 아닌가. "최 씨가 회원이 아닌데도 자주 진료를 받았다"고 말한 의사는 과연 실제로 존재하는 인물인가? 기자들은 종종 자신들이 말을 만든 뒤 마치 '익명의 취재원'이 말한 것처럼 꾸미기도 한다는데, 그런 경우가 아닌가? 그렇지 않다면 근무 경험이 있다는 의사가 병원 운영의 기본조차 모를 수 있는가? 기자라면 당연히 확인을 한 뒤 기사를 써야 하는 것 아닌가. 기사는 회원이 아니면 진료를 받을 수 없는 곳으로 단정하고, 그런 곳을 최 씨 자매가 드나들었으니 '특혜'라고 몰아갔다. 이 역시 확인 없이 무조건 의심만 한 모자라는 기사이다. 'VIP 대접'이라고 표현했으나 어떤 대접인지를 밝히는 내용이 없다. 병원이나 최 씨에게 '나쁜 이미지'를 덧칠하기 위한 과장 또는 조작이 아닐 수 없다.

기자들은 최 씨가 다닌 곳이니, 더구나 가족까지 다닌 곳이니 나쁜 곳이란 도식을 강화하기 위해 차움병원 자체를 문제 삼았다. 비싼 곳이며, 정치적 목적을 위해 만든 병원이라는 것이다.

종편 방송은 "차움의 회원권은 1억 5천만 원이 넘는다"며 프리미엄 병원임을 강조했다.

개원 당시 회원가가 1인당 1억 7천만 원에 달해 부유층을 상대로 한 프로그램이라는 논란이 일었다.

실제로 차광렬 총괄회장은 2010년 최고급 의료기관인 차움을 만들었다. VIP를 별도로 관리하기 위한 조직이라는 비판을 받아 왔다. 류 교수는 "차움은 치료보다 노화 방지와 미용을 강조하며 각종 편의시설을 갖추고 부유층을 상대하는 병원이다. 그런데 매년 수십억 원의 적자를 내고 있다. 경영 측면에서는 차움을 접어야 한다. 그런데도 차움을 유지하는 이유는 최순실을 통한 정계·대통령과의 연결고리이기 때문이다. 차움의 VIP 5번이 최순득이고, 최순실도 차움을 드나들었다. 게다가 차 총괄회장과 최순득은 20년째 같은 빌라에서 산다. 또 정·관계 인사의 부인들도 차움에 드나든다. 차움은 청와대부터 국회까지 줄을 놓을 수 있는 창구인 셈"이라고 말했다.

언론은 회원권 가격을 거론하면서 '논란이 있었다'고 보도했다. 회원권 값이 절대가격으로 비싼지 싼지, 아니면 요즘 유행어인 '가성비(가격 대비 성능)'가 높은지 낮은지는 알 수 없다. 그 가격의 적절함을 따지기 전에, 10억 원이 넘는 골프나 콘도 회원권도 수두룩한 세상에 그런 것을 문제 있는 것처럼 만드는 것이 적절한지를 따져볼 필요가 있다. 부유층을 상대로 하면 왜 논란이 일어나는가? 실제 어떤 논란이 일어났는가? 그 내용을 확인했는가? 시쳇말로 촌스러운 기사라 하지 않을 수 없다. 병원을 이상한 곳으로 만들기 위해 그저 덧붙인 문장이라 하지 않을 수 없다.

기사는 "차움이 VIP를 별도로 관리하기 위한 조직이라는 비판을 받아 왔다"고 했으나 근거를 제시하지 않았다. 누가 어떤 비판을 했는지, 그 비판이 정당했는지 등에 대한 아무런 설명이 없는 막연한 기사이다. 이어 "차움을 유지하는 이유는 최순실을 통한 정계·대통령과의 연결고리이기 때문"이라는 등, 교수가 말한 내용도 통째로 근거가 없기는 마찬가지이다. 교수의 주장은 음해와 모함의 위험성이 매우 큰 추정이다. 병원이 문을 닫을지 말지는 병원이 알아서 판단할 일이 아닌가. 그 교수가 이유를 어떻게 단정할 수 있나? 그가 차 총괄회장으로부터 직접 들었다면 몰라도. 만약 그랬다면 언제 어디서 만나 어떤 얘기를 들었는지 등 정확한 근거를 대야 할 것이다.

병원이 정치적 목적으로 운영된다는 주장은 듣기에는 기발할지 모르나 구체적 증거가 없다면 황당하고 무책임한 발언이 아닐 수 없다. 병원 외부인이 객관적 증거도 없이 떠드는 것을 기자는 확인해 봤는가? 그가 어떤 목적과 의도를 가지고 그러는지 따져 봤는가? 일방적 주장을 그대로 인용하는 것이 얼마나 위험하고 무책임한 일인지 생각을 해 봤는가? 신뢰가 생명인 병원의 특성을 고려한다면 신중에 신중을 기해 검증하고 확인했어야 마땅하다 할 것이다.

억측 경쟁에 사설까지 가세

언론은 최 씨와 차움병원 사이에 대한 억측을 검증·확인 없이 보도한 뒤 드디어 병원과 박 전 대통령의 '유착 관계'를 본격 거론했다.

차병원 뒤엔 박근혜·관피아

대통령과 0.1% VIP를 위한 병원 '차움'

최순실 게이트가 의료 분야로도 확산되고 있다. 핵심 고리는 차움병원을 포함한 차병원그룹이다. 박근혜 정부 들어서 진행된 의료 영리화와 규제 완화의 가장 큰 수혜자가 차병원그룹이었다는 것.

최순실 일가 및 박근혜 대통령이 다니는 차병원은 이후 정부 지원을 동시다발적으로 받는 등 최순실 및 박근혜 정부의 특혜를 받았다는 의혹도 제기됐다.

이러한 제목과 기사에다 신문 사설까지 가세했다.

최순실의 검은 손이 의료계에까지 미친 것으로 확인됐다. 그가 단골로 다니던 서울 차병원그룹 계열 차움의원이 대통령 주사제를 대리처방해 준 의료법 위반 혐의가 거의 확정적이다. […]

박근혜정부의 핵심 정책인 의료산업 규제 완화의 혜택이 차병원에 집중된 것은 물론이다. 차병원이 줄기세포 연구와 알츠하이머 치료제 개발 등을 위해 줄곧 요구해 온 규제 완화가 박 대통령의 지시에 따라 일사천리로 이뤄졌기 때문이다. […]

세간에는 차움의원의 주사제 대리처방과 관련, 박 대통령이 세월호 침몰 7시간 동안 마취가 수반되는 노화방지 시술을 받았다는 소문이 파다하다. 청와대가 당초 대리처방 의혹을 부인한 것도 세월호 참사 당일의 시술 사실을 숨기려 했던 것 아니냐는 의혹이 무성하다.

차병원이 박 전 대통령에 대해 줄기세포를 불법시술했다거나 정부의 대폭 지원을 받았다는 것은 특검이 모두 무혐의라고 했으니 위의 기사들이나 사설은 언급할 가치조차 없다. 그들이 "대단한 능력을 가졌다"며 그렇게도 상찬하는 특검이 내린 결론이니 언론은 "수사 잘못" 또는 "수사에 봐주기 의혹"이란 식의 기사를 쓸 수도 없었을 것이다.

하지만 사설은 신문의 간판이 아닌가. 신문사에서 가장 경험 많고 글을 잘 쓰는 베테랑 기자들 가운데서 뽑힌 논설

위원들이 사설을 쓰는 것 아닌가. 사설의 한 줄 한 줄은 정확한 사실만을 바탕으로 분명하고도 진중하게 의견을 제시해야 하는 것 아닌가. 위에 인용한 사설을 보면 저잣거리의 찌라시보다 못한 수준이다. "최 씨의 검은 손이 의료계에 미친 것으로 확인됐다"니 그 무슨 소리인가? 규제 완화 등이 "박 대통령의 지시에 따라 일사천리로 이뤄졌다"는 대목에 이르면 상상력이 지나친 것인지 아니면 악의가 도를 넘어선 것인지 알 수 없다. 아무런 근거도 없이 그렇게 단정할 수 있는가? 오로지 편견만으로 이번 사건을 보고 있음이 여실히 드러나는 엉터리 문장들이다. 글쓴이의 기본 자질을 의심할 수밖에 없다. 이 글을 쓴 논설위원이 특검 수사 결과를 보고 무슨 생각을 했는지 궁금하기 그지없다.

　기사나 사설을 읽어 보면 어찌 그렇게 함부로 기사를 쓸 수 있는지 의아하기까지 하다. 병원 배후에 무슨 대통령이 있나? 적어도 한 나라의 대통령에 관해 의혹을 제기하려면 확인 또 확인이 필요한 것 아닌가. 철통 경호 속에 있는 대통령에 대한 의혹 제기는 덜 정확해도 어쩔 수 없는 것이라고 언론은 변명할지 모른다. 대통령은 어떤 비판도 감수해야 하는 최고의 공인이니 의혹 제기가 무슨 문제냐고 주장할지 모른다. 그들의 말이 다 맞는다고 하더라도, 병원은 왜 애꿎게 피해를 봐야 하는가? 탄핵당해 마땅한 대통령을 만들기 위해 희생양을 찾았는가? 왜 병원을 엮어 넣어 만신창이로 만들었는가?

개인 병력 공개는 사생활 침해

그뿐 아니다. 언론은 개인의 사생활을 함부로 침해했다. 개인의 병력까지 공개하는 잘못을 저질렀다.

B씨는 "(최순득 씨는) 주로 만성피로 등의 이유로 병원에 왔는데, 의사가 약을 처방해도 부작용이 있다면서 약은 절대로 먹지 않았다. 종합검진을 하다가 암 판정을 받은 이후에도 병원에 들러 계속 치료받은 것으로 안다"고 털어놨다.

최순실 씨는 검찰 조사 과정에서 지병으로 언급한 공황장애를 과거부터 앓았다는 주장도 제시됐다. 의사 A씨는 "정신과 치료를 어디선가 받는 것 같았고, 차움병원에 와서도 가끔 약을 받아 갔다. 당시 행동이 혼란스럽고 공황장애까지 있었던 점에 비춰보면 이번 사건에서 논란이 되는 태블릿PC를 이용할 만큼의 지적 능력이 되는지조차 의심스럽다는 생각이 들었다"고 말했다.

이쯤 이르면 위의 기사들을 보도한 언론은 그야말로 막장 수준이다. 남이 병원 다닌 것을 매우 나쁜 의도로 캐다 보니 별 잡스럽고 시시콜콜한 것까지 다 건드렸다. 그것도 모자라 철저하게 보안이 되어야 할 개인정보까지 까발렸다. 어떻게 남이 암을 앓은 적이 있다든가, 정신병 치료를 받은 적이 있다는 등의 의료정보를 보도할 수 있는가? 그것은 정확한 사실이라 하더라도 개인의 명예와 인격 등의 보호를 위해 보도를 자제해야 마땅하지 않은가. 아니, 그런 것은 절대적 보도 금기 사항이 아닌가. 또 남의 지적 능력에 대해 근거도 없이 함부로 평가하는 양식 없는 의사 말을 어떻게 그대로 옮길 수가 있는가? 그렇게 떠든 의사나, 보도하는 기자나 비슷한 지적 능력을 가진 것으로 볼 수밖에 없다.

언론은 내부 관계자 폭로라며 그들의 주장을 그대로 내보냈다. 과연 언론은 그것들을 조사하고 검증했는가? 사실인지 진실인지 확인했는가? 그 주장들이 병원이나 관계자들을 모함하고 매도하기 위한, 또는 이른바 국정 농단 의혹을 악화시키기 위한 고의적 선전 선동인지 확인했는가? 그냥 내부 관계자의 고발이라며 반복해서 내보내면 그만인가? 더군다나 병력 등 민감하기 그지없는 개인 의료정보에다 개인의 주관적 지적 능력 평가까지를 "누가 이렇게 주장했다"고 하기만 하면 책임에서 벗어나는가? 언론은 내부 관계자들이 그렇게 주장하니 객관적 사실이라 생각하고 가감 없이 전달했을 뿐이라고 변명할지 모른다. 충실하게 남의 주장을 전달하는 것이 객관적 보도 태도가 아니냐고 강변할지 모르겠다. 그러나 실명을 밝히는 목격자나 내부 관계자 또는 전문가의 주장도 확인해야 할 판에 이름 없는 관계자의 주장을 마구 보도하는 것은 무책임의 극치 아닌가. 민감한 개인의 사생활 정보를 마구 공개해 인권을 짓밟는 것은 극심한 횡포가 아닌가.

무혐의… 아무도 사과하지 않았다

언론은 어떤 의도와 목적을 가진 이들이 특종 운운하며 접근해 기삿거리를 흘릴 때, 자신들이 조종 또는 농락당할지도 모른다고 의심해 보지는 않는가? 능력 있는 언론기관이라면, 기자라면 쉽게 조종되거나 농락당하지 않을 것이다. 기자가 사실들을 확인하지 않고, 부장 국장들이 그 사실을 중복 점검하지 않는다면 당하기 일쑤일 것이다. 그들이 무능력하기 때문이다.

국민들은 언론이 제공한 정보와 지식으로 세상사의 옳고 그름을 판단한다. 정확하지 않은 뉴스는 국민을 오도할 뿐이다. 정확하지 않은 '단독보도'가 무슨 의미가 있는가? 취재원의 신뢰성이 부족하거나, 취재한 재료의 정확성이 떨어진다고 조금이라도 의심되면 보도를 멈추어야 하는 것이 언론인이 가져야 할 기본 중의 기본 태도가 아닌가. '우선 내질러 놓고 보자'는 식의 보도는 스스로 "나는 언론인이 아닙니다"라고 선언하는 것과 마찬가지이다. 그러면서 애써 '단독'이라고 자랑까지 덧붙이는 것은 부끄럽기 짝이 없는 행동이다.

언론은 신뢰가 생명이다. 시중의 소문이나 일방적 음해나 매도를 아무 생각 없이 전달이나 한다면 누가 믿음을 가지고 언론을 보고 듣고 하겠는가? 어떤 기사든 검증을 거친 분명하고 확실한 증거를 바탕으로 작성되어야 마땅하지 않은가. 소문이나 의혹이 아니라 검증된 사실만이 뉴스가 되어야 하지 않는가. 확인하고 검증하는 것이 선전이나 광고, 소설, 연예 오락과 언론을 구별짓는 중요한 기준이 아닌가.

확인도 되지 않은 것들을 '의혹'이란 이름으로 호도해 보도하는 식이라면 굳이 비싼 건물에 비싼 기자재 들여놓고 언론사 간판을 걸 필요가 있는가? 집에서 핸드폰 들고도 얼마든지 국민들에게 소문을 퍼트릴 수 있다. 소셜 미디어를 활용하면 훨씬 더 빠르고 쉽게, 돈 안 들이고 그짓을 할 수 있다. 명색이 언론기관, 언론인이라면 '기사의 정확성'이 어떤 의미를 가지는지 알아야 할 것 아닌가. 더욱이 언론이 앞장서 국가적 위기라고 할 만큼 중대한 사건을 다루는 보도라면 더욱 더 조심스럽게 정확성을 확보해야 할 것이다. 언론이 의혹을 던지면 그것이 맞는지 옳은지를 시청자나 독자들이 일일이 확인해야 하는가? 한국 언론의 행태는 잘못되어도 한참 잘못되어 보인다.

무엇보다, 특검의 수사에 의해 자신들의 의혹 제기가 오보로 밝혀진 뒤에 어떤 정정보도나 사과를 했는지 언론에게 묻고 싶다. 그냥 특검의 수사 결과 발표를 보도하는 중간에 슬쩍 '무혐의'라고 언급하면 그만인가? 왜 엉터리 보도, 무리한 보도가 있었음을 솔직하게 고백하고 국민과 차병원그룹에게 사과하지 않는가? 국민들을 속이고, 병원의 명성과 신뢰를 추락시키는 잘못과 실수를 저질렀다고 왜 보도하지 않는가? 왜 의혹 보도만큼의 크기나 길이로 사과 보도를 하지 않는가? 병원이 입은 크나큰 손실은 어떻게 할 것인가? 실수와 잘못을 자인하는 언론만이 결국 더 신뢰받는 언론이 될 것이다.

"확인도 되지 않은 '카더라'를

'의혹'이란 이름으로 부풀려 놓고 봤다.

결국 무혐의로 결론 난 뒤에도

아무도 사과하지 않았다."

7

'탄핵 악인' 돼 버린 변호사

"국민질병 당뇨, 암보다 더 무섭다."

건강에 관한 언론 보도가 끊임없이 국민들에게 경고하는 함축된 메시지이다. 언론에서는 한국인이 가장 무서워한다는 질병으로 당뇨를 꼽고 있다. 당뇨는 협심증, 심장마비, 뇌졸중 등 중대한 합병증을 유발하기 때문이라고 한다. 어느 환자는 텔레비전 방송에서 "당뇨병 때문에 몇 차례 사선을 넘나들었다. 혈당 부족으로 창졸간에 의식을 잃기도 하고, 소리 없이 찾아온 합병증 탓에 신장 이식 수술까지 받았다"고 말했다. 그래서 당뇨병은 '하늘이 내린 벌이라는 에이즈와 같은 불치병'이며 '침묵의 살인자'라고도 불린다.

한국에서 남성은 60대의 33.1퍼센트, 여성은 70세 이상의 33.8퍼센트가 당뇨병을 앓고 있다고 보도되었다.

그런 무서운 당뇨가 느닷없이 국민적 조롱거리, 아니, 그것을 넘어서 국민적 개탄거리가 되었다. 탄핵 재판정에서의 일 때문이다.

언론은 당뇨병 환자가 겪는 고통에 대한 어떤 배려도 없이 당뇨를 언급했다는 것만으로 이상한 사람으로 취급했다. 재판정에서 당뇨를 언급했기 때문에 김평우 변호사는 졸지에 '막말을 하며 난동을 부리는 사람'이 되어 버렸다. 언론은 김 변호사가 재판을 방해하기 위한 불순한 의도로 당뇨를 들먹였다며 사정없이 몰아붙였다. 과연 김 변호사가 그렇게 형편없는 인간이 될 상황이었는가? '당뇨'는 탄핵을 반대하는 김 변호사를 언론이 또 한 사람의 '악인'으로 성격 규정 하는 데 기막힌 도구로 쓰였다. 참으로 당뇨가 무섭긴 무섭다.

도 넘은 언론의 '김평우 죽이기'

언론이 보도한 당시 재판정 상황을 살펴보자.

(이정미 재판관) 어떤 내용입니까?

(김평우 변호사) 시간이 12시가 넘었는데요, 사실 제가 당뇨가 있습니다. 그래서 시간을 조금 주시면….

(이) 예….

(김) 그래서 시간을 조금 주시면….

(이) 어떤 내용에 대해서 말씀하실….

(김) 잠깐만요, 제가 말씀드릴게요. 제가 조금 어지럼증이 있어서 음식을 조금 먹어야 하겠는데 그럴 시간을 좀 주실 수 있는지 좀 물어보겠습니다.

(이) 그러시다면 다음번에 하시는 것으로 하시고 오늘 변론은….

(김) 아닙니다. 저는 오늘 하겠습니다.

(이) 오늘 꼭 하셔야 하는 이유는 뭔가요?

(김) 제가 오늘 하겠습니다. 준비를 해 왔으니까. 그러면 제가 점심을 못 먹더라도 지금부터 변론을 하겠습니다.

(이) 저희 재판부에서는 다음번에 변론을, 김 변호사님, 재판 진행은 저희가 하는 겁니다. 저희가 다음번에 충분히 기회 드릴 테니까 오늘 변론은 이것으로 마치도록 하겠습니다.

(중략)

(이) 다음 기일에 충분히 기회를 드립니다. 굳이 오늘 하셔야 하는 거 아니고요. 2월 22일 오전 10시에 이곳 대심판정에서 속행하도록 하겠습니다. 다음 변론기일에는 오전에….

(김) 제가 준비를 다 해 왔는데….

(이) 지금 12시가 다 되지 않았습니까.

(김) 지금까지 12시 변론을 꼭 끝내야 한다는 법칙 있습니까? 그럴 거면 왜 헌법재판관씩이나 해요. 왜 함부로 재판을 진행해요?

이 과정을 두고 언론은 다음과 같이 보도했다.

김평우 "당뇨 있다"며 변론 연장 주장

본인이 당뇨가 있다며 재판부에 손가락질하고 소리를 질렀던 장면은 기자들에게도 큰 충격을 줬습니다.

대통령 측 김평우 변호사가 갑자기 당뇨가 있어서 음식을 좀 먹고 변론을 해야겠다며 고집을 부리다가 제지당하자 소동을 일으키기도 했었죠.

위의 기사들은 그래도 점잖은 축에 낀다. 한 보도 전문 방송은 "법이 아닌 밥을 달라, 이렇게 해서 논란이 있었는데요"라는 식으로 비아냥거렸다. 모독에 가깝다. 앵커는 이렇게 꼬일 대로 꼬인 표현을 쓰면서 스스로 재치있는 멘트라고 생각했는가? 언론은 대놓고 김 변호사를 '막말로 도발하는 자'로 지칭하는가 하면 '횡설수설'에다 소동도 모자라 '난동'이란 표현까지 사용하며 몰아세웠다. 급기야는 "환자까지 재판정 내보낸 朴… 무얼 노렸나?"라는 얼토당토않은 억측까지 하기도 했다. 환자마저 모독하며 음모론을 펼치는 언론이 언론인가.

건강에 지극한 관심을 보이는 국민들을 공략하기 위해 신문 방송 가리지 않고 쏟아내는 건강 정보와 지식은 가히 홍수이다. 워낙 언론에서 많이 떠들고 있으니까 국민들은 '당뇨'가 얼마나 무서운지 너무나 잘 안다. 어느 때고 본인도 감당해야 할지 모른다는 잠재적 두려움이 대단하다. 그러나 환자나 그 가족이 아니면 당뇨병이 얼마나 심각한 고통을 가져다주는지 알기 어렵다. 아무리 무섭다 한들 자기에게 닥친 일이 아니면 여전히 강 건너 불구경 하는 심정일 것이다. 암이든 당뇨든 아파 봐야 그 고통의 크기를 아는 것이다. 그 전까지는 결국 남의 일에 지나지 않는다. 그렇더라도 남의 병을 가지고 함부로 이러쿵저러쿵하는 것은 도리가 아니다.

　김평우 변호사의 당뇨 파문을 보면서, 남의 병을 빌미 삼아 인격마저 짓밟는 언론의 비열함에 참담함을 느꼈다. 심각한 당뇨병을 앓고 있는 환자의 가족으로서 갖는 고통, 혹시 유전적 소인 때문에 언젠가 환자가 될지도 모른다는 불안감 등에 시달리는 사람으로서 언론이 당뇨병을 개인에 대한 공격의 소재로 활용하는 것에 대해 비애감마저 들었다.

　이 재판관과 김 변호사 사이의 대화를 다시 살펴보자.

　김 변호사는 자신이 준비한 변론을 할 기회를 이 재판관에게 요청했다. 변호사로서 당연히 할 수 있는 행위이다. 그러면서 그는 당뇨와 어지럼증을 말했다. 그가 어느 정도의 당뇨병을 앓고 있으며, 어지럼증이 어떤 상태인지 알 수는 없다. 그러나 김 변호사가 공개적으로 당뇨와 어지럼증을 언급한 것으로 미루어 가벼운 상태는 아니지 싶다. 전문의를 인용한 기사에 따르면 "당뇨병을 앓고 있는 사람이라면 어지럼증을 뇌간경색의 '주의보'로 받아들이고 적절한 처치를 시작해야 한다"는 것이다. 뇌간경색은 가장 치명적인 뇌졸중으로 수술이 불가능하다고 한다. 다른 기사는 "한두 끼 식사를 걸러도 끄떡없다면 좋은 것일까, 나쁜 것일까? 건강한 사람이라면, 더군다나 체중 조절 중이라면 좋은 일이겠지만, 당뇨 환자는 그렇지 않다. […] 당뇨병 환자는 자체적으로 당을 조절하거나 만들어 내지 못하기 때문에 저혈당 상태가 되면 반드시 단것을 먹는 등 당 성분을 보충해야 한다. 그렇지 않으면 실신, 혼수 등에 빠져 뇌손상이나 사망에까지 이를 수 있다"고 당뇨 환자에게 적절한 음식물 섭취가 얼마나 중요한지에 대해 설명했다.

당뇨 환자가 아니더라도 갑자기 찾아올 수 있는 어지럼증을 막기 위해 혈당 조절이 얼마나 중요하며, 그래서 음식물 섭취에 얼마나 신경을 써야 하는지 아는 사람이 많을 것이다. 당뇨 환자는 어지럼증 등 때문에 불시에 위급한 상태에 빠질 수 있으며, 그것을 막기 위한 필수적 응급조치가 음식물 보충이다. 당뇨 환자의 삶은 아슬아슬한 외줄 위의 인생이라 해도 지나친 말은 아닐 것이다.

우선 김 변호사가 "시간을 달라"며 당뇨를 언급했으나 이 재판관은 냉담했다. "예…." 그저 뜨악한 반응, '무슨 뜬금없는 소리냐'는 표정이었다. 변론 내용에 대해서만 물었을 뿐 당뇨에 대한 관심은 보이지 않았다. 이어 김 변호사가 "어지럼증이 있어 음식을 먹어야 하니 시간을 달라"고 말했으나 이 재판관은 역시 병에 대한 어떤 관심도 나타내지 않은 채 "다음에 변론하라"며 냉담하게 잘라 버렸다.

김 변호사는 변론 기회가 자신에게 돌아올 것으로 보고 기다렸으나 재판이 끝날 것 같으니 다급했던 것으로 보인다. 그래도 오후에는 속개될 가능성이 있는 것으로 판단했던 같다. 이 와중에도 당뇨에 대한 걱정이 머릿속을 꽉 채웠던 모양이다. '뭘 안 먹으면 혈당이 떨어질 텐데.' 그럴 경우 무슨 일이 날지 환자 자신이 아니면 그 아슬아슬한 심정을 알기 어려울 것이다. 김 변호사가 시간을 달라는 것은 절박한 심정에서 나온 말이다. 그가 무슨 복잡한 작전을 가지고 당뇨 핑계를 댔겠는가.

오래전 국회 회의장에서 의원이 "밥 먹고 합시다!"라고 큰 소리를 쳤다는 얘기는 전설처럼 전해져 내려온다. 회의가 지겨우니 장난처럼 했겠지만 그것은 의원들의 무신경, 무능을 상징하는 장면이 되어 버렸다. 설마 김 변호사가 법정에서 재판관을, 재판을 비꼬기 위해 밥 먹고 재판 하자고 했겠는가. 자칫하면 자신에게 위험이 닥칠지도 모른다는 생각을 하지 않을 수 없었을 것이다. 잠시 시간을 얻어 음식물을 보충하면 위험한 상황은 막을 수 있다는 판단에서 재판관에게 요청했을 것이다.

그러면 이 재판관은 변호사가 왜 시간을, 그것도 식사 시간을 달라고 하는지에 대해 좀 더 세심한 관심을 가지고 되물었어야 하는 것 아닌가. 이 재판관이 조금이라도 당뇨에 상식이 있다면 "혈당이 얼마입니까" 정도는 질문했을 것이다. 이 재판관은 당뇨병의 무서움에 대해 몰랐을 수 있다.

당뇨 환자에게 때맞춘 음식물 섭취가 얼마나 중요한지 몰랐을 수 있다. 하지만 병에 대한 상식이 없더라도 병을 이유로 시간을 달라면 진지하게 그 병이 어떤 병인데 그러느냐고 묻고 적절한 대답을 했어야 하는 것 아닌가. 남의 사정을 조금만이라도 헤아리기가 그렇게 어려웠던가?

법정에 모인 기자들은 기껏 20~30대일 것이다. 그들이 당뇨의 무서움에 대해 알 수 없었을 것이다. 그저그런 병 중의 하나라고 생각했을지 모른다. 그러니 재판정에서 무슨 병 이야기를 하며 그것 때문에 식사 시간을 달라고 하니, 이해하기 쉽지 않았을 것이다. 정말 생뚱맞은 얘기로 들렸을지 모른다. 그렇더라도 남의 급박한 사정을 잘 모르면 함부로 단정해서는 안 되는 것이다. 대한변협 회장까지 지낸 김 변호사가 왜 그런 소리를 하는지 생각을 해 봐야 하는 것 아닌가? 자기들이 잘 모르는 상황이라 해서 그렇게 격한 표현을 써 가며 매도해야 하는가? 취재란 당장 눈에 보이거나 귀에 들리는 것만 주워 담는 것이 아니지 않은가. 상황이 일어난 배경과 원인, 그 맥락까지 두루 살피고 따지는 것이 제대로 된 취재가 아닌가.

그런 취재의 기본을 지키지 않는 것은 애당초 취재에 대한 교육훈련을 제대로 받지 못했기 때문인가, 아니면 선입견이나 편견 때문에 취재를 제대로 안 한 것인가? 김 변호사는 탄핵을 반대하는 사람이기 때문에 정상적인 사람이 아니라는 편파적 판단을 미리 한 것으로밖에 보이지 않는다.

"왜 헌법재판관씩이나 해요? 왜 함부로 재판을 진행해요?"라는 표현들은 충분히 오해를 살 수 있는 발언이다. 김 변호사도 자제했어야 했다. 그러나 모든 일에는 원인이 있는 법. 두 번이나 뭘 먹을 시간을 조금만 달라는 자신의 요구에 조금도 진지하게 반응하지 않은 재판장이 얼마나 야속하고 섭섭했겠는가? 당뇨병 환자나 가족들이면 그 심정을 헤아릴 수 있을 것이다. 그런 야속함과 섭섭함이 뒤엉켜 있는 가운데 "꼭 변론을 해야 하느냐"고 계속 다그치면 감정이 더 격앙될 수밖에 없었을 것이다.

아무리 그래도 자제해야 하는 것은 분명 김 변호사의 몫이었다. 하지만 그러한 사정을 현장의 기자들이 잘 살폈어야 하지 않는가. 탄핵을 반대하는 사람들에 대한 그들의 편견 때문에 속사정은 전혀 보이지 않았던가? 이 재판장이 조금만 사려 깊게 재판을 운용했다면 얼마든지 부드럽게 넘어갈 수 있는 사안이었다. 남의 속사정을 살펴 주기보다는 신속한 재판 진행에만 몰두한 이 재판장의 냉담함이 엉뚱한 파장을 일으켰다고 할 수 있다. 결국 한 사람의 인격을 파멸에 이를 지경으로 만든 것이 아닌가 싶다.

그러나 그다음 재판 때, "'건강에 유의해서 미리 적절한 조치를 하시길 바란다'는 이 재판장의 말에 김 변호사는 초콜릿을 들어 보이며 '오늘 초콜릿을 많이 가져왔다'며 웃었다"고 한다. 보기 좋은 장면이 아닌가. 이 재판장이 지난번 재판 때 미리 그런 사정을 알고 적절한 대응을 했다면 김 변호사의 인격이 처참하게 희화화되는 일은 없었을 것이다.

언론은 당뇨를 빌미로 또 하나의 '탄핵 악인'을 만들었다. 그리곤 줄기차게 김 변호사의 악인 이미지를 굳혀 나갔다. 대부분의 언론이 김 변호사의 변론을 두고 몇 가지 거친 표현만을 끄집어 내 선동꾼으로 몰아붙였다. 김 변호사가 '헌재 재판관 8인 결정의 위헌성' 등 탄핵심판의 위헌성과 절차상의 무효 등을 제기한 것이나, 강일원 재판관의 불법 변론권제한과 이정미 권한대행의 직무유기를 비판한 것 등은 제대로 짚지도 않았다. 변론의 본질인 법리적 타당성에 대해서는 제대로 분석도 하지 않은 채 곁가지인 과격 발언만 침소봉대했다.

변호사가 법정에서 편견에 가득 찬 발언을 하는 일은 다반사로 일어난다. 그러나 그는 강한 발언을 하지 않으면 재판에서 진다. 공정하고 객관적인 언론이라면 표현상 문제는 문제대로 지적하면서도 쟁점이 되는 핵심 법리는 확실하게 따져 봐야 하는 것 아닌가. 언론은 형평을 잃었다. 공정성을 잃었다.

스스로 쓰레기가 된 언론

언론의 흠집 내기는 김 변호사의 가족을 들먹이는 데까지 나갔다.

"김평우 변호사 아버지 김동리, '홍상수-김민희' 급 러브 스토리의 주인공."

김 변호사의 선친인 소설가 고 김동리 선생이 소설가 서영은 씨와 세 번째 결혼한 사실을, 최근 불륜으로 비난을 받고 있는 연예인들과 비교한 것이다. 그 비교가 적절한 것인지를 따지기에 앞서, 가족사까지 드러내며 얄팍한 화젯거리로 만드는 의도가 무엇인가? 망신을 주기 위한 도를 넘은 선정주의이다. 비정상적인 것을 넘어서 비열한 보도가 아닐 수 없다.

언론의 편향적 태도는 김 변호사가 박 전 대통령의 사저를 방문한 것과 관련, 또 한 번 드러났다.

미용사는 들어간 삼성동 자택… 김평우는 입구서 '거부'

김평우 변호사는 전날에는 박 대통령의 삼성동 자택에 들어가려다 문전박대를 당했다. 반면, 박 전 대통령의 올림머리와 화장을 전담했던 미용사들은 사저에 들어가 비교가 되기도 했다.

악의가 드러나는 제목과 기사들이다. 김 변호사는 미리 약속을 하지 않은 바람에 방문이 무산되었다고 한다. 단순한 해프닝이었다고 할 수 있다. 대통령경호실에서 그냥 돌려보낸 것을 '거부'라고 강조하고 '문전박대'라고 표현한 것은 김 변호사의 처지를 불쌍하고 애달프게 보이게 하려는 나쁜 의도이다. '문전박대'는 "문 앞에서 쫓아낼 듯이 인정 없고 모질게 대함"이란 뜻이다. 실제 어떤 기사는 "김 변호사가 그토록 충성을 다하며 막말 변론까지 했는데 토사구팽 당했다"는 식의 조롱조의 내용을 담기도 했다.

김 변호사가 마구 밀고 들어가려다 제지당한 것도 아니고, 무슨 문전박대인가? 대통령경호실이 그렇게 막돼먹은 곳이 아니지 않은가. 특히 '미용사'와 비교한 것도 상당한 문제가 아닐 수 없다. '하물며 미용사도 받아들이는데 김 변호사는 쫓겨났다'는 식인데, 변호사가 미용사보다 못한 대우를 받았다는 점을 강조하려는 의도로 보인다. 그러나 미용사를 비하하는 것으로 오해하기 충분하다.

편파적인 '문전박대' 보도는 계속되었다.

"황당하게도, 청와대경호실 측이나 자택 입구를 통제하고 있는 경찰 측에서도 김평우가 다녀간 걸 본 적이 없다고 한다."

언론은 그 뒤 사저를 방문했다는 김 변호사의 말이 거짓이라고 몰아세웠다. 그러나 마침내 한 방송에서 "'문전박대를 당한 김 변호사가 거짓말을 한다'는 주장이 제기됐지만, 청와대 관계자는 '박 전 대통령과 김 변호사가 만난 게 맞다'고 전했습니다. '박 전 대통령이 경호실에 요청해 김 변호사를 경호 차량에 태워서 들어갔다'고 설명했습니다"라고 보도했다.

멀쩡할 사람을 난동꾼에다 거짓말쟁이로까지 조작했다. 그렇게까지 해서 언론은 무엇을 노리며, 무엇을 얻고자 했는가.

언론이 해도 해도 너무했다. 그러니 김 변호사가 기자들을 향해 "쓰레기 언론 꺼져라"라고 하지 않았겠는가. 오죽했으면 그랬겠는가.

8

묻혀 버린 "삼족을 멸한다"의 진실

최순실 씨의 변호인인 이경재 변호사는 2017년 2월 26일 기자회견을 열어, 특검이 2016년 12월 24, 25일 변호인을 배제한 채 최 씨를 신문했고 "삼족을 멸하고 모든 가족을 파멸로 만들어 버릴 것이며 손자도 감옥에 가게 될 것"이라는 등 폭언을 했다고 주장했다. 최 씨는 12월 24일 특검 출범후 첫 조사 때 자진 출석했는데 이날 오후 10시 반경 특검이 변호인을 집으로 돌려보낸 뒤 혼자 남은 최 씨를 협박했다는 것이다. '조사'가 아니라 '면담'을 하겠다며 변호사를 나가게 한 후 저지른 행위라고 했다. 이 변호사는 "특검에 진상 규명과 재발 방지를 요청했지만 별다른 조치가 없어 공포감에 소환 요구에 불응했다"고 덧붙였다.

특히 이 변호사는 "최순실 씨 일방적 주장인가? 근거가 있느냐?"는 기자의 질문에 "특검 사무실에 CCTV가 있어 녹화된 게 있을 거다. 녹음 녹화 모두 특검에서 공개해야 한다"고 대답했다. 물증이 존재한다는 얘기이다.

"삼족을 멸하겠다"니. 지금이 어느 시대인데 검사의 입에서 그런 말이 나오는가? 이 변호사의 이 같은 주장은 충격이 아닐 수 없었다. 그의 폭로가 진실이라면 고질적인 관행이라고 비판을 받아 온 검찰의 강압수사가 아직 근절되지 않고 있다는 얘기다. 일반 검찰이 아니라 특검에서 그런 일이 벌어졌다면 단순한 일이 아니다. 특검은 국민의 기대를 한 몸에 받고 있는 특별한 존재이기 때문이다.

시시비비보다 침입자 행패에 초점

삼족을 멸한다는 것은 '본인과 처족과 외가의 3대'를 멸한다는 것으로 흔히 알려져 있다. 좀 더 정확하게 알아보자.

연좌 하면 연상되는 '삼족을 멸한다'고 하는 삼족三族이 어떤 범위의 혈연을 가리키는지 점검할 필요가 있다. 대개 삼족을 부족父族, 모족母族, 처족妻族이라 생각하여 연좌 범위가 친가뿐 아니라 외가나 처가 집안 식구들까지 두루 미치는 것으로 알고 있는데 이는 『대명률大明律』 규정에서 알 수 있듯이 잘못이다.

이 같은 오해는 조선 후기에도 있었던 듯한데, 다산 정약용은 그의 저서 『목민심서』에서 삼족이 위로는 할아버지를 비롯한 백부·숙부 등 조족祖族, 옆으로 형제와 그 소생인 조카 등을 포함한 부족, 아래로는 아들과 손자 등을 의미하는 기족己族을 의미한다고 분명히 밝히고 있다. 이처럼 우리가 흔히 생각하는 것처럼 법규에 연좌 범위가 무한정 넓은 것은 아니라는 것에 주의를 요한다.

— 한국사 연구회, '조선의 연좌제'

일반적으로 알려진 것과는 약간 차이가 있으나 '삼족을 멸한다'는 것은 조선시대에는 지금의 쿠데타나 반란인 모반대역죄를 처벌하기 위한 무시무시한 형벌이었다. 아무리 우리 사회에 아직 연좌제의 잔재가 남아 있다고는 하지만 피의자에게 "삼족을 멸하겠다"고 검사가 협박하는 것은 도저히 있을 수 없는 만행이 아닌가. 거기에다 "손자도 감옥에 가게 될 것"이라고 말하는 것은 반인륜적 행위이다. 최씨의 손자는 2015년 태어났으니 당시 겨우 두 살이다. 그런 협박을 한 것이 사실이라면, 반대로 그런 일이 없는데도 거짓 주장을 한다면, 그 모두 용서받지 못할 일이다. 그런 일들이 특검과 변호사 사이에서 터져 나왔다면 심각하고 중대한 일이 아닐 수 없다. 반드시 진상이 밝혀져야 할 것이다.

그런데 진상 규명을 하는 데 앞장서야 할 언론이 이 일을 또 엉뚱한 방향으로 몰고갔다.

이경재 기자회견 듣던 아주머니, "말도 안 되는 여자 변호하지 마" 일갈

"최순실, 민주주의 입에 올리지 마"… 변호인에 항의 팻말

"최순실이 민주주의를 알아?" 이경재 변호사와 실랑이 벌인 시민

이경재 변호사 뒷덜미 잡은 '대한민국 주부의 힘'

이 변호사의 기자회견에는 일부 시민이 찾아와 항의하는 소동도 빚어졌다. 기자회견 시작 직전 한 30대 남성은 이 변호사에게 "악마의 변호사", "당신이 이경재가 맞는지 검증해 보자"(태블릿 PC 검증 요구를 비꼰 말)고 소리쳤다. 이름을 밝히지 않은 이 남성은 "청와대나 최 씨를 직접 찾아갈 수 없어 분노를 알리기 위

해 왔다"고 말했다.

서초동에 사는 주부라고 자신을 소개한 위 씨는 "(최 씨 자신이) 헌법을 위배해 놓고 무슨 헌법 타령이냐. 왜 최 씨 같은 사람을 변호하느냐"며 이 변호사와 설전을 벌이기도 했다. 위 씨는 이 변호사의 기자회견이 끝난 뒤 기자들과 만나 "너무 억울해서 청소기를 돌리다가 (이 자리에) 나왔다"며 "최 씨가 뭘 안다고 민주주의를 논하느냐"고 일갈했다.

이 변호사의 기자회견을 다룬 언론의 제목과 기사들 가운데 일부이다. 제목부터가 사건의 본질을 흐리기 위한 것이라 하지 않을 수 없다. 그야말로 본말이 전도된 것이다. 이것만 보면 마치 최 씨가 엉뚱한 말썽을 일으킨 것을 두고 이 변호사와 시민이 싸움을 벌이는 것이 전부인 것처럼 오해하기 십상이다. "삼족을 멸하겠다"는 검사의 협박이 기자회견의 핵심이라는 점을 알기 어렵다. 왜곡보도의 전형이 아닐 수 없다.

제목과 마찬가지로 기사 내용도 시민들의 항의가 있었다는 사실이 비중 있게 다뤄졌다. 특검 사무실에서 무시무시한 시대착오적 협박이 있었느냐는 문제보다 그것을 밝히는 데 항의하는 것이 더 흥미롭다는 투였다. 신문들은 기자회견 하는 모습보다는 피켓을 든 채 이 변호사에게 큰소리치는 여인의 사진을 실었다.

신문과 마찬가지로 방송도 물타기에 바빴다. 기자회견을 생중계하던 종편방송들은 항의하러 왔다며 고성을 지르는 여인의 거친 행동에 계속 초점을 맞추었다. 이 변호사 회견은 뒷전이었다. 그런 장면들을 보면서 변호사라는 출연자들은 "검사들이 그런 얘기를 했을 리가 없다. 상식적으로 말이 안 된다"는 식으로 특검을 두둔했다. 어느 쪽이 맞는지를 아무도 모르는 상황에서 일방적 특검 편들기를 계속했다. 이들은 언론의 기본인 공정성은 모르는 듯 보였다. 이들은 "이 변호사가 법정에서 주장해야 하는 것을 기자회견을 하는 것은 잘못된 것"이라고 힐난하기를 서슴지 않았다. 그의 발언을 희석시키려는 의도가 역력히 보였다. 변호사라면 피의자의 인권을 침해하는 강압수사가 있었다는 주장이 사실인지 여부에 더 관심을 가져야 되는 것 아닌가.

언론은 남의 기자회견장에서 시비 걸며 행패 부리는 여인의 한마디를 특검의 협박을 폭로한 변호사의 발언과 같은 반열에 올렸다. 아니, 더 중요하게 취급했다. 남을 함부로 '악마'라고 부르고 싸움 거는 사람들을 막말 한다고, 난동 피운다고 비판하지는 않고 오히려 미화하는가? '일갈', '질타' 모두 "큰 소리로 꾸짖음"이란 뜻이다. 잘못한 사람을 나무라는 경우에 주로 쓰이는 단어들이다. 기자회견장에 나타나 방해 소동을 벌인 사람들의 소리를 어떻게 그런 단어를 동원해 미화할 수 있는가? 단어의 선택에서부터 기자의 편견이 뚜렷이 드러난다.

어떤 어휘를 쓰느냐에 따라 문장의 의미와 맥락이 달라진다는 것을 기자들은 모르는가? 가령 "특별검사팀 사무실에 연행되던 최순실이 돌연 기자단을 향해 '여기는 더 이상 민주주의 특검이 아닙니다'라고 소리를 쳤다. 돌아온 답은 '염병 하네, 염병 하네, 염병 하네' 3연타였다. 물론 기자단 공식 답변은 아니었고, 지나가던 한 청소부 아주머니가 던진 말씀이었다"라는 기사를 보자. 이 글을 쓴 기자는 '염병'은 분명히 욕이며 '염병할 놈(년)'은 그보다 더한 저주라고 설명했다. 그러면 '염병 하네'도 그냥 욕설이 아니라 저주이다. 이 기자는 그런 저주를 퍼부은 사람을 위해 "남의 말을 높여 이르는 말"이란 뜻을 가진 '말씀'이라는 경어를 사용했다. 저주를 말씀으로 급 신분 상승을 시키는 것은 참으로 드문 경우이지 싶다. 기자의 단순 착오 또는 실수인가, 무식의 소치인가? 아니면 청소원을 미화하기 위한 의도인가? '질타'니 '말씀'이니 모두 단순한 실수라기보다 기자들이 편견에 사로잡혀 있기 때문에 사용된 단어들이 아닐까 싶다.

자발적인지 동원되었는지 모르겠지만 때맞춰 회견장이

나 검찰청에 나타나, 특검을 공격하는 이 변호사나 피의자를 향해 거침없이 쏘아붙이는 이들의 행동에 기자들은 대리만족을 느낀 것일까? 행여 잘나가던 특검의 문제가 드러날 것을 우려한 언론의 배려인지 알 수 없으나, 편향성이 지나쳤다.

사실확인조차 회피한 미꾸라지 특검보

이러한 이경재 변호사의 기자회견에 맞서 이규철 특검보가 그날 오후 정례 브리핑에서 이 변호사의 기자회견 내용을 반박했다. 그는 "최순실 씨가 허위사실을 바탕으로 특검과 해당 검사의 신뢰를 훼손한 점에 깊은 유감을 표한다"고 밝혔다. 이 특검보는 "최순실 씨 담당검사가 (이경재) 변호인 주장처럼 '삼족을 멸한다'고 말한 사실은 전혀 없고, 지난해(2016년) 12월 24일 소환 당시는 피의사실에 대한 피의자 입장과 개괄적인 상황을 파악하기 위한 목적인 만큼 변호인 조력권을 침해할 이유가 없었다"고 말했다. 이어 "앞으로 기자회견 방식 등 일방적 주장에 일체 대응하지 않을 예정"이라고 했다. 특히 이 특검보는 "면담이 이뤄진 부장검사 방에 폐쇄회로TV는 없어 둘의 이야기만 가지고 판단해야 한다. 그 당시에는 문이 열려 있었고 밖에 여자 교도관 2명이 앉아 있었다. 최 씨 주장대로라면 큰 소리가 났어야 했다. 하지만 그런 점은 없었던 것으로 파악되고 있다. 누구 말을 믿어야 할지는 여러분의 판단에 달려 있다"고 말했다.

참으로 이해하기 어렵다. 왜 특검은 가만히 있는가? 단 한 번의 반박 기자회견으로 끝내는가? 너무 점잖은 대응이었다. 기자들이 보기에도 이상하지 않았는가? 그토록 서슬이 퍼렇던 특검이 자신들의 수사에 치명적 손상을 입힐 수 있는 강압수사 폭로에는 왜 그렇게 관대했는가? 당장 최 씨를 불러 해당 검사와 대질신문을 해야 할 것 아닌가. 구더기 무서워 장 못 담그는가? 최 씨가 그런 어마어마한 거짓말을 했다면 당장에 불러 자백을 받고 죄를 물었어야 하지 않은가.

CCTV의 존부는 기자들의 현장 방문을 통해 금방 실증적 확인이 가능했을 것이다. 이 변호사는 그것이 있다고 했고 이 특검보는 없다고 했으니, 기자들에게 문제의 검사 방을 보여 주기만 하면 누가 거짓말 하는지를 바로 알 수 있을 것이다. 만약 CCTV가 없다면 그것 하나만으로도 이 변호사 주장의 신뢰성은 크게 떨어졌을 것이다. 이 변호사가 녹음이 있으니 특검이 공개를 해야 한다고 했는데, 그것에 대한 언급도 없었다. 둘 다 없는 것이 입증되면 최 씨가 거짓말을 했다는 것이 더 확실해질 텐데 말이다.

특검이 맞는지 이 변호사가 맞는지 기자들의 판단에 맡기겠다는 것은 또 무슨 소리인가? 기자들이 최 씨보다는 특검을 응원하고 있는 것이 확실해 보이니 편을 들 것이라고 자신했는가? 제3자가 듣기엔 황당한 발언이다. 맞으면 맞는 것이고 틀리면 틀린다고 왜 똑 부러지게 말을 못하고 끝을 흐리는가? 수사나 재판의 결과에 대한 평가도 아니고, 진실에 관한 흑백을 가리는 것을 기자들의 판단에 맡기겠다는 경우를 보지 못했다. 한국 기자들이 미국식 재판의 배심원들도 아닌데 말이다. 확인조사도 증거도 없이 기자들이 무슨 재주로 진실 판단을 할 수 있겠는가 말이다.

그날 기자들은 취재의 초점을 느닷없이 나타나 행패 부리는 사람들에게 맞출 것이 아니라 "삼족을 멸한다"고 협박했다는 이 변호사의 폭로에 맞추었어야 한다. 이 변호사가 봉변당하는 것에 흥미를 가지기 전에 심각한 인권침해 사안의 사실 여부에 대해 관심을 가졌어야 한다. 옛날 왕조시대도 아니고, 특검이 그런 무시무시한 말을 했다면 진상을 캐야 할 것 아닌가. 아무리 큰 죄를 지은 피의자라 할지라도 21세기에 검사가 그런 협박을 했다면 그냥 넘어갈 사안이 아니지 않은가. 그것이 사실이라면 검찰권 남용에 의한 불법적 가혹행위로 명백한 위법행위가 아닌가.

검찰의 강압수사는 오랫동안 심각한 사회문제였다. 그동안 언론은 검찰의 고질적 관행이라며 강하게 비판해 오지 않았는가. 그런데 이번 사안은 왜 두루뭉술하게 넘어갔는가? 기자들은 이 특검보에게도 강압수사에 관한 것을 집요하게 캐려는 느낌을 주는 질문을 하지 않았다. 오히려 이 변호사에게도 이 특검보에게도, 기자회견이 청와대와 짠 기획 작품이 아니냐는 질문을 했다. "삼족을 멸한다"는 협박 폭로 사건을 음모론의 시각에서 보고 있었던 것이다. 그러니 그 발언을 강압수사와 연결시켜 취재할 생각을 하지 않았을 것이다.

그렇다고 하더라도 특검과 변호사의 주장이 완전히 엇갈리니 제대로 진실을 캐내 국민들에게 밝혀야 언론의 역할을 다하는 것이 아닌가. 아예 검사가 그럴 리가 없다는, 이 변호사가 턱도 없는 소리를 한다는 식의 선입견에 빠져 취재를 하지 않았던 것인가? 설사 최순실 씨나 이 변호사의 주장에 동조하는 것이 내키지 않는다 하더라도, 특검에게도 중대한 명예훼손이 될 수 있는 주장이니 그들을 위해서라도 검증 확인 취재를 했어야 하는 것 아닌가.

이 변호사가 특검 사무실에 CCTV가 있으며 녹음, 녹화도 특검이 공개해야 한다고 했으니 기자들이 특검에게 그런 것을 보자고 요구했어야 마땅하지 않은가. 실제 녹음된 것이 있다면 직접 들어 보자고 요구했어야 마땅하다. 정상적인 취재라면 끝까지 그것들의 존재 여부를 추적했어야 한다. 특검이 아니라고 하면, 없다고 하면 그만인가.

최 씨가 말을 지어내고, 이 변호사가 공개 기자회견으로 그것을 세상에 알렸다면 아주 질이 나쁜 범죄가 아닌가. 왜 둘 다 거짓말을 하느냐고 다그치지 않았는가? 왜 이경재 변호사의 주장을 더 이상 비판하지 않았는가? 왜 김평우 변호사에게 한 것처럼 혹독한 비판을 퍼붓지 않았는지 궁금하다.

이경재 변호사는 2017년 3월 16일에도 "검찰이 박 전 대통령을 소환하기 전에 고영태 씨를 수사해야 한다"며 "녹음 파일에서 고씨의 관세청 간부인사 매관매직 등 범행, 미르·K스포츠재단 장악 기도가 누차 확인됐다"고 주장했다. 종편 등에서는 "의미 없는 발언, 불필요한 발언"이라며 무시하거나 비판했다. 박 전 대통령에 대한 수사를 방해하려는 기도라고 몰아붙였다. 왜 그런 언론들이 고 씨 수사를 촉구하는 주장을 외면했는지 납득하기 어렵다. 고 씨를 수사하는 것이 최순실 게이트의 전모를 밝히는 데 대단히 중요한 일인데 말이다.

그러나 2주일 뒤인 3월 29일 언론은 "검찰, 고영태 이권 개입 의혹 수사"라고 보도했다. 언론의 자가당착이 드러나는 순간이었다. 왜 언론이 고 씨 수사를 원하지 않았는지, 이번 사건의 핵심 의혹 가운데 하나가 아닐 수 없다.

언론은 인권침해가 걸린 사안의 진실 확인을 외면했다. 한쪽으로만 치우쳐 있는 언론에게 "삼족을 멸한다"는 협박쯤은 가벼운 농담이나 다름없었던 모양이다. 특검이라면 그 정도는 얼마든지 할 수 있다고 생각했던 모양이다. 특검의 인기가 하늘을 찌를 듯했으니 "삼족을 멸한다"가 저잣거리의 유행어가 안 되었는지 모르겠다.

"'삼족을 멸한다'는 발언 폭로는

사실이든 허위이든 어느 한쪽에 치명적이다.

특검은 왜 적극적으로 밝히지 않는가?

언론은 왜 행인의 '염병'에나 열광하는가?"

9

정유라 신고하고 특종 한 기자

"나는 중립적 관찰자가 아니다 — 나는 공정한 기자가 될 수 있을까?"

미국의 『뉴욕 타임스』에 기고하는 프리랜서 저널리스트 트레이시 튤리스가 자신의 중립성에 스스로 의문을 제기하며 블로그에 쓴 글의 제목이다. 무심코 한 행위 하나가 언론의 중립성에 위배된다는 지적을 받자 그는 솔직하게 사과했다. 공개적으로.

어떻게 그는 공정한 저널리스트가 되지 못했으며, 왜 사과를 했을까?

『뉴욕 타임스』는 2015년 6월 28일 '가장 외로운 코끼리'

라는 제목의 기사를 실었다. 세계적 명성을 가진 뉴욕 브롱크스 동물원에서 9년째 홀로 사육되고 있는 코끼리가 다른 코끼리들과 함께 살 수 있도록 야생으로 돌려보내야 한다는 내용의 기사였다. 다음 날 타임스는 기사를 쓴 튤리스가 2개월여 전 문제의 코끼리를 야생으로 보내야 한다는 동물보호단체의 온라인 청원에 서명한 것을 알게 되었다. 과학 논문을 감시하는 블로그가 이 사실을 공개하자마자 타임스는 "청원에 서명한 행위는 타임스의 저널리즘 기준에 어긋나는 것"이라는 편집자의 글을 기사에 추가했다.

기사를 쓴 튤리스는 이러한 경위를 그 블로그에 밝히면서, 『뉴욕 타임스』는 기자들을 위한 지침서에서 "뉴스를 취재할 때 중립적 관찰자로서의 역할에 대해 상당한 의심을 불러일으키는 어떤 행위를 해서는 안 된다. 선거 후보자에 기부하거나 시위나 행진에 참가하고 차량에 스티커를 붙이거나 옷에 배지를 다는 것을 해서는 안 된다"고 경고하고 있음을 소개했다. 그는 6개월 전 『뉴욕 타임스』에 처음으로 기사를 썼을 때 이 지침서를 받았다고 했다. 물론 2004년 만들어진 이 지침서에는 온라인이든 직접이든 청원에 서명하는 것은 안 된다는 언급은 없었다. 그렇더라도 서명이 기준의 위반으로 간주되는 것은 이해할 만했다고 튤리스는 인정했다.

"편들었으면 보도하지 말라"

그는 다음과 같이 설명을 이어 나갔다.

블로그 '리트랙션 워치(Retraction Watch)'가 나에게 서명 사실 등에 대해 밝히겠냐고 물었을 때 망설였다. 원래는 나의 실수를 탓하고 개인적으로 편집자에게 사과하고는 모든 것을 덮어 버리고 싶었다. 그러나 그 일이 기자가 중립성의 문제를 일으켰을 때 언론사가 어떻게 다루는지에 대해, 취재 대상이 된 기관이 기자의 편견에 대해 심각한 비판을 할 때 어떤 일이 일어나는지에 대해 적절한 의문을 제기한다고 생각했기 때문에 이 글을 쓰기로 했다.

타임스의 편집책임자는 나의 글이 그 해 실은 기사 가운데 최고의 하나라고 말했다. 그러나 기사 나간 다음 날 브롱크스 동물원의 공보책임자가 전화를 해, 청원자 명단에서 글쓴이의 이름을 발견했다고 항의했다고 한다. 타임스는 "만약 글쓴이가 청원에 서명한 것을 알았다면 취재를 맡기지 않았을 것"이라는 내용을 신문에 실었다.

나는 메일로 보내오는, 동물 보호를 비롯한 여러 종류의 온라인 청원에 자주 서명했다. 그런 행위가 저널리스트로서 적절한 것인지에 대한 별 생각 없이 서명했던 것은 아니었다. 그렇다고 운동가의 행위도 아니었다.

서명한 후 한참 지나 문제의 코끼리에 대한 관심이 생겼다. 세계적인 동물원에서 매우 영리하고 예민한 동물을 비인도적으로 취급하는 것에 대한 비판 때문이었다. 흥미로운 기사가 될 것이라고 생각해 취재하고 기사를 썼다. 그러나 그 과정 동안 사실, 내가 서명한 청원에 대한 것은 깡그리 잊어버렸다. 그 기사를 쓰도록 만든 최초의 단서가 그 청원이란 사실조차 잊어버렸다.

　돌이켜 생각하니 서명은 나이브한 실수였다. 그 사고는 언론의 객관성 기준에 대해 생각하도록 만들었다. 타임스의 기준은 명백한 편파성을 금지한 것으로 이해한다. 그러나 기자들은 자신들이 취재하는 기사에 대해 100퍼센트 중립적일 수 없다. 그렇다고 그 기준이 기사 자체의 질이 되면 안 되는가? 만약 기사가 공정하고 균형이 잡혀 있다면 독자들이 기자의 개인적 의견이 무엇인지를 신경 쓸 필요가 없을 것이다. […]

　결국 기자가 어떤 사안을 책임 있게 공정하게 보도할 수 있으려면, 청원에 서명하고 시위에 참여하거나 트위터에 글을 올리는 등의 행위는 부적절한 것이다.

　타임스는 분명하게 보도와 어떤 행동 노선과 신념 등에 대한 공개적 지지와 주장 사이에 보다 엄격한 기준을 설정한다. 그래서 나는 청원 서명과 그것이 일으킨 문제에 대해 깊이 반성한다. 그리고 나의 실수가, 내가 보도한 사안에 대한 논점을 흐린 것에 대해 뉘우친다.

미국의 경우를 이처럼 길게 소개하는 이유는 다른 데 있지 않다. 언론사가 기자들에게 기자의 본분에 맞게, 아주 신중하게 행동하라고 요구하는구나, 언론인도 이렇게도 진지하고도 솔직하게 자기 잘못을 인정하고 사과하는구나 하는 생각이 들어서이다. 우리나라 언론사나 기자들도 그렇게 할까?

『뉴욕 타임스』는 미국을 넘어 세계 최고로 수준 높은 신문으로 꼽히지 않는가. 그 신문의 엄격함이 놀라웠다. 그보다 더 놀란 것은, 아주 사소한 일로 보이는데도 언론인으로서 해서는 안 될 일을 했다고 분명하게 선을 긋는 튤리스의 태도였다. 중립적 관찰자의 선을 넘어섰으므로 공정한 언론인이 되지 못했음을 스스로 인정한 것이다.

"아, 그것은 『뉴욕 타임스』에서 일어난 일이니까. 미국의 언론인이니까."

한국의 기자들은 별 감동을 받을 것 같지는 않다. 하지만 언론사나 언론인이 지켜야 할 기준이 나라마다 다르지는 않을 듯싶다. 한국의 언론이라고 해서 왜 『뉴욕 타임스』처럼 권위 있는 언론이 되고 싶지 않을까. 한국 기자라고 해서 왜 작은 일에서부터 기준을 지키는 기자가 되고 싶지 않겠는가? 마찬가지로 국민들은 타임스처럼 엄격하게 기자들에게 기준을 요구하는 한국 언론, 그것을 제대로 지키는 한국기자들을 원할 것이다.

『뉴욕 타임스』가 기자들에게 요구하는 것은 단순하다. 중립적 관찰자가 되라는 것이다. 사건을 취재하고 보도는 하되 그 사건에 직접 개입은 하지 말라는 것이다. 그러기에 온라인 청원서에 클릭하는 행위조차 하지 말라는 것이다. 안 그러면 기사 작성을 하지 못하도록 하겠다는 것이다. 그런 엄격함이 타임스를 세계가 인정하는 권위지로 만든 요인일 것이다.

세상을 상대로 신고하라

그런 『뉴욕 타임스』의 기자가 다른 나라에서, 미국 경찰의 수배를 받고 있는 미국인 불법체류자를 경찰에 직접 신고해 체포토록 하겠다고 하면, 또는 벌써 신고했다면, 신문사는 과연 어떻게 판단하고 후속 조치를 할까?

아무리 생각해 봐도 타임스는 기자가 신고를 못 하도록 막았을 것이며, 신고한 후라면 그에 관한 기사를 쓰지 못하도록 했을 것 같다. 그럴 것이라고 추정한 근거는 위에 인용한 사례와 '기자들을 위한 지침서'이다. 공익을 위한 청원에 서명조차 못 하게 하는 언론사가 경찰에 신고하는 행위를 허용할 것 같지는 않다. 하지만 순전히 추정일 뿐이다. 좀 더 확실한 근거가 있는지, 미국이나 다른 나라에서 유사한 행위가 있었는지를 찾기 위해 인터넷 검색을 해 봤으나 신통한 단서를 구하지 못했다. 기자들이 기사를 쓰는 것이 아니라 자신만의 정치적 의사 등을 SNS에 올려 논란을 빚은 경우는 여러 나라에서 적지 않았으나, 범죄자 등을 경찰에 신고하는 행위를 했다는 사례를 찾을 수 없었다. 다만, 참고가 될 만한 한 가지 자료는 얻을 수 있었다.

미국 매사추세츠 주법은 18세 미만 어린이에 대한 학대나 방치가 의심되는 경우를 본 경우 반드시 이를 주정부의 '아동가족부'에 신고해야 하는 사람들이 누군인지를 매우 구체적으로 규정하고 있다. 40여 종류가 넘는 직업군에는 의사에서부터 경찰관, 소방관, 각종 교사에다 법원 관계자, 종교시설 관계자, 어린이보호운동가까지 포함되어 있다. 의무로 신고해야 할 직업을 가진 사람들이 제대로 신고하지 않았을 경우 최고 1천 달러의 벌금을 물 수 있다. 만약 그들이 고의로 신고를 하지 않는데 그 아이가 심한 부상을 입거나 죽었을 경우 최고 5천 달러의 벌금에다 2년 6개월 징역형을 받을 수 있으며, 개인 직업 면허를 발급한 기관에 보고되는 등 엄한 처벌을 받게 된다.

그러나 이러한 의무를 져야 할 직업군에 '기자' 또는 '언론인'은 포함되어 있지 않다. 왜 그런지 이 법의 내용 등을 소개한 아동가족부 자료에는 아무런 설명이 없다. 의무를 진 직업군 이외에 다른 직업이 헤아릴 수 없이 많은데 굳이 기자를 왜 포함하지 않았는지, 아마 설명할 이유도 필요도 없었을 것이다.

그러나 기자는 정의감이 남다른 사람들이 선택하는 직업이라고 하지 않는가. 더욱이 기자는 사회의 부조리와 불법 행위를 앞장서서 찾아내고 시민들에게 알려야(보도를 뜻하는 'reporting'은 '신고'의 뜻도 가지고 있다) 하는 직업적 의무와 책임을 가졌는데, 어린이 학대를 목격하면 이를 신고하도록 의무를 지워야 하는 것이 당연하지 않은가. 다른 어떤 직업인보다 더 투철하게 신고 정신을 가지고 공익에 봉사해야 하는 것 아닌가.

그렇게 생각할 수도 있다. 하지만 미국에서는 기자 본연의 임무를 더 중시하기 때문에, 그것에 더 충실하는 것이 공익에 훨씬 더 부합하는 것으로 보기 때문이 아닌가 싶다. 기자는 개입자, 참여자가 아니라 객관적이고 중립적이고 공정한 관찰자의 역할이 마땅하다는 생각이 강하기 때문에 언론인이란 직업을 신고 의무 직업군에 포함시키지 않은 것으로 보인다. 기자가 어린이 학대를 볼 경우 관계기관에 신고하는 것보다 제대로 취재와 보도를 해 세상에 널리 알리는 것이 더 중요하다고 생각하기 때문이 아닐까. '기관에 신고하기보다 세상에 먼저 신고하라'는 뜻으로 보인다.

미국에서는 기자들에게 기자의 역할을 분명하게 자각할 것을 강하게 요구한다. 기자도 사회와 동떨어져 살 수 없는 시민이다. 때로는 애국자이기도 하다. 그러나 기자는 동료 시민들에게 그들이 판단하고 결정하는 데 필요한 정보를 제공하는 관찰자의 역할에 충실함으로써만 시민과 애국자로서의 참여와 의무를 다하는 것이다. 전쟁 또는 국가 위기 상황에서 국민들이 공포를 느낄지도 모르는 정보뿐 아니라, 정부나 다른 권력기관들이 밝혀지기를 원하지 않는 정보도 제공해야 하는 것이 바로 그런 참여와 의무다. 사회의 비리와 모순을 캐내 세상에 널리 알리는 기자를 원하지, 그것들을 고친다면서 직접 항의 청원에 서명하거나 데모 등에 나서는 기자를 원하지는 않는다. 전쟁에 종군기자로 갔을 때 전쟁 상황을 국민들에게 보다 소상하게 전달하기 위한 취재에 열중하는 기자를 원하는 것이지, 혹 전투 상황이 불리하다고 해서 직접 총 들고 나가 싸우는 기자를 원하지 않을 것이란 뜻이지 싶다.

미국 사회는 그러한 관찰자의 역할을 다하도록 하기 위해 "만약 취재를 시작하고 나서 취재 대상이나 사안에 대해 당신히 어떤 태도와 입장을 정하고, 사람들 모두가 그것이 어떤 것인지를 알게 된다면, 당신은 더 이상 취재에 나서서는 안 된다"고 기자들에게 강조한다고 한다. 선입견과 편견을 가지고 취재에 임하지 말라는 뜻이다. 기자들에게 중립적 관찰자가 될 것을 요구하는『뉴욕 타임스』의 원칙과 기준도 이러한 기본 정서에 맥이 닿아 있는 것으로 보인다.

　재미있는 사실은, 그러한『뉴욕 타임스』도 편견이 심하다는 비판에 시달려 왔다는 점이다. 타임스는 이른바 '진보 편견liberal bias'으로 인해 보수층으로부터 경원시되고 있다.

　기자도 사람이므로 자신의 배경, 사상, 이념 등에 따라 흔들리며, 엄정하게 객관적 자세를 유지하기 어려울 것이다. 100퍼센트 완벽한 공정성과 객관성이 어디에 있겠는가. 기자들에게 그것을 요구하는 것 자체가 무리일 것이다. 하기야 타임스도 편견 논란의 한가운데에 있는 처지이므로 기자들에게 무턱대고 철저한 중립적 관찰자가 되라고 요구하지는 않을 것 같다. 다만, 자신의 감정과 사상, 이념의 잣대에 따라 취재와 보도를 하는 것을 최대한 자제하라고 요구하지 않겠는가. 특히 취재와 보도 이외에 어떤 불균형한 행동도 결코 해서는 안 되며, 그런 행동의 결과를 신문에 내는 일은 없을 것이란 점을 '기자들을 위한 지침서'에 밝힌 것으로 보인다. 그런 원칙을 앞에서 적은 온라인 청원서 서명 건에서 확인할 수 있다.

전무후무한 '기자의 취재원 신고'

한국의 언론과 기자에 대한 얘기로 돌아가자.

덴마크 현지에 파견된 한 언론사 기자는 최순실의 딸 정유라를 경제사범으로 현지 경찰에 신고했고, 정유라 씨(20)가 덴마크 현지에서 불법체류 혐의로 체포됐다. ○○○방송 측에 따르면 정 씨를 덴마크 경찰에 신고한 이는 (그 회사 소속) 기자다.

○○○사는 국정 농단의 주역 최순실의 딸 정유라가 덴마크 경찰에 체포되는 과정을 단독으로 공개했다.

정유라 체포 일등 공신 ○○○사 기자, 행적 추적한 끝에 덴마크 경찰에 신고

정유라 한국 송환이 결정된 가운데 정유라가 덴마크 체포에 결정적 도움을 준 ○○○사 기자의 활약이 다시금 재조명되고 있다.

○○○사 기자가 덴마크에서 은신 중이던 정유라를 현지 경찰에 신고하게 된 경위를 밝혔다. 독일 프랑크푸르트에서부터 정

유라를 추적했던 ○○○사 기자는 "정유라가 덴마크 올보르 교외 주택에 머물고 있다는 제보를 받고 지난달 30일 940킬로미터 떨어진 덴마크 올보르로 향했다"며 "은신처 앞엔 정유라가 타고 다닌 것으로 알려진 고급 승합차도 있었다"고 설명했다. [···]

○○○사 기자는 "오랜 시간 정유라를 기다렸지만 아무도 나오지 않았고, 문을 두드렸지만 오히려 문을 더 걸어 잠그고 창문을 가렸다"며 "취재진의 존재를 알아차린 정유라 일행이 도주할 수 있다는 생각이 들어 결국 현지 경찰에 출동 요청을 했다"고 신고 경위를 밝혔다.

정 씨는 현재 불법체류 혐의로 덴마크 당국에 체포돼 조사를 받고 있다. [···]

다른 일간지 『엑스트라블라뎃』은 『브릭스』의 설명을 빌려 정 씨를 체포한 경찰 당국이 정 씨를 어떻게 추적했는지, 체포 경위는 어떻게 되는지 그 디테일을 공개하길 원하지 않았다고 보도했다.

한국의 어느 기자가 정유라 씨를 덴마크 경찰에 범죄자로 신고한 것을 다룬 기사들 가운데 일부이다. 그 기자는 정 씨가 어마어마한 사건에 관련되어 있으니 어떻게든 잡아야 한다고 생각했던 모양이다. '내가 아니면 누가 하랴'는 용감

한 시민의식이 발동한 탓인지 직접 신고까지 한 것으로 보인다. 먼 외국이란 현장 상황을 감안한다면 그럴 수도 있겠다. 중대한 혐의자가 도망가면 다시 찾기도 쉽지 않은데 빨리 신고하는 것은 당연한 행동이 아니냐고 할 수도 있겠다.

'기자의 범죄혐의자 경찰 신고'. 과문寡聞인지는 모르겠으나 지금까지 한국에서 그런 일이 있었다는 보도를 듣고 본 적이 없다. 혹시 외국에서도 기자가 범죄자 또는 범죄혐의자를 직접 경찰에 신고한 경우가 있는지 오랜 시간을 들여 인터넷 검색을 했으나 찾지 못했다. 덴마크에서 한국 기자는 세계 언론 역사상 매우 이례적인 행동을 한 셈이다. 도대체 어떻게 봐야 할까.

이러한 기자의 행동에 대해 한 매체는 다음과 같은 기고를 실었다.

정유라를 취재하는 과정에서 ○○○방송 기자가 현지 경찰에 신고를 하고 체포되는 장면을 촬영해서 보도한 것은, 기자는 사건을 보도만 할 뿐 개입하지 않는다는 원칙을 명백하게 어긴 것이다. 많은 사람들은 그가 기자이기에 앞서 하나의 시민이고, 그의 신고는 양심에 따라 판단할 수 있는 개인의 결정일 뿐이라고 생각하는 듯하다. 하지만, 결론부터 말하자면, 그가 시민으로서 신고하기로 했다면 보도를 포기했어야 했다. 그리고 만약 보도하기로 마음먹었으면 끝까지 관찰자로 남았어야 했다. 그게 보도윤리다. 그런 게 2017년 언론계에 남아 있다면 말이다. 정유라는 체포되었어야 한다, 그것도 진작에. 하지만 그것은 기자의 역할이 아니다. 양심 있는, 행동하는 시민으로서의 역할과 기자의 역할은 다르다. 같은 이유로 ○○○방송 기자는 "그럼, 눈앞의 범인을 신고하지 말라는 말이냐"고 항변해서는 안 된다. 보도를 하기로 했다면 신고하지 말았어야 하고, 신고하기로 했으면 보도하지 말았어야 한다. 그게 프로페셔널리즘을 지키는 대가다.

맞는 지적들로 보인다. 기자와 시민은 다르지 않은가.

그러나 기자의 역할이 무엇인가를 굳이 따지기 전에, 그 기자가 취재기자로서의 기본을 지켰는지를 분석해 볼 필요가 있다. 현장 상황이 어떠했는지 자세히 알 수 없기 때문에 속단하기는 어렵다. 그러나 기자는 몇 시간이고 며칠이고 집 앞에서 기다렸던 것 아닌가. 왜 은신처를 찾아갔나? 인터뷰를 하러 간 것이 아닌가. 그렇다면 상대가 취재에 응할 때까지 기다리는 게 기자가 당연히 해야 할 일이 아닌가. 시간을 들여 끈질기게 요청하고 설득했어야 하는 것 아닌가. 해외로까지 도피한 정 씨가 한국에서 온 기자를 당장에 만나 주리라 생각했다면 큰 오산이 아닌가. 한국 언론이 자신을 얼마나 비판하고 비난했는지를 잘 알고 있을 그가 한국 기자라며 문을 두드리니 그 심정이 어떠했겠는가? 또 어떤 일이 벌어질까, 아마 대단한 공포를 느꼈을 것이다. 그렇다면 기다렸어야 하는 것이 아닌가. 밤을 새워 가며 잠복 취재하는 것은 기본 중의 기본 취재 방법이 아닌가. 얼마나 오래 기다렸다고 신고를 했는가? 밤을 새웠는가? 며칠을 기다렸는가?

끝까지 인터뷰를 요청하고 그러다 안 되면 현장중계 등을 통해 "정유라 씨의 은신처가 여기입니다"라고 보도하면 되지 않았는가. 한국과 시간차가 있으니 어렵다고 하면, 뉴스 시각을 기다려야 하는 것이다. 보도를 접한 덴마크 경찰이 출동하는 것을 취재해서 보도하면 되는 것 아닌가. 그곳에서 어떻게 경찰이 보도를 알 수 있느냐고? 한국에는 덴마크 대사관이 있다. 그들이 당연히 본국에 보고할 것이다.

그러는 사이에 정 씨 일행이 도망가면 어떻게 하냐고? 보도를 본 경찰이 어렴히 알아서 잡겠는가. 기자는 정 씨가 도망가려는 어떤 낌새를 알아채었는가? 그의 설명대로라면 정 씨 측의 대응은 문 잠그고 창문을 내린 것이 전부다. 그것은 그들로서 할 수 있는 불가피한 자위 조치가 아닌가. 그야말로 가방을 꾸려 도망을 갔다면 그때 신고해도 되지 않는가. 사실 그것도 기자가 할일은 아니지만. 굳이 체포토록 하고 싶다면 차량 번호를 경찰에게 넘겨주었다면 얼마든지 체포했을 것이다.

그러나 과연 정 씨 일행이 달아나려 했을까? 문 앞에 한국 취재진이 버티고 있는데 그런 생각을 쉽게 할 수 있을까? 그들도 짐을 꾸려 나갈 경우 취재진과 실랑이가 벌어질 수도 있고, 우여곡절 끝에 그곳을 빠져 나가더라도 기자가 신고하면 추격당할 수도 있을 것이라고 생각하지 않았을까? 이미 소재가 알려졌으니 어디에도 숨을 곳이 없다고 생각하지 않았겠는가. 그런데 과연 도망가려 했을까? 그런 것은 누구라도 짐작할 수 있는 일이다. 기자는 그런 생각을 안 해 봤는가?

실종된 '기자 근성'

좀 더 취재 경험이 있는 기자라면 밤을 새워서라도 기다리는 모습을 보였다면 좋지 않았을까. 그랬다면 정 씨가 미안해서라도 인터뷰에 응해 주지 않았을까. 적어도 인터뷰하고 싶은 상대와의 신뢰나 어떤 끈을 만들어야 취재가 되지 않겠는가. 나이 어린 정유라 씨가 한국에서 그렇게 큰일에 관련이 되어 있는데 얼마나 불안하고 힘든 상황에 있는지를 생각해 봤는가? 그런 인터뷰 대상자에게는 인간적으로 접근하기 위해 애를 쓰는 것이 요령 있는 취재가 아닌가. 노력하지 않고 얻어지는 것이 있는가? 그래서 인터뷰가 이뤄졌다면 얼마나 큰 특종이 됐겠는가. 정 씨를 직접 만난 것 자체도 화제지만 당시로선 정 씨의 심경 고백 등 어떤 말도 큰 얘깃거리가 되었을 것이다. 신고해서 체포토록 한 장면을 부끄럽게 특종보도라고 우기는 것보다 얼마나 당당하며, 가치 있고 내용 있는 특종이 됐겠는가. 최선을 다해 취재 목적을 달성하는 것이 기자 본연의 모습이라고 할 것이다.

문제의 기자는 취재를 너무 쉽게 포기했던 것으로 보인다. 취재를 위한 인내가 부족했다. 요령도 모자랐다. 취재의 기본을 제대로 안 갖추고 있는 것으로 보인다. 정 씨를 신고해 체포토록 하는 것이 그 기자의 목적이 아니었던 것은 분명하다. 그것이 목적이라면 굳이 1천 킬로미터 가까이를 날아갈 필요가 있었겠는가? 덴마크 경찰에 은신처를 제보하면 그만이다(그래도 체포 장면을 단독 취재하러 갔을지는 모르지만). 먼 길을 달려간 기자의 유일한 목적인 인터뷰 취재를 그렇게 쉽게 포기해 놓고 신고 경위를 설명하는 것은 취재 실패에 대한 변명으로밖에 들리지 않는다.

"기자가 얼마나 힘든지 너희가 알아?"

기자들이 늘 입버릇처럼 하는 말이 아닌가. 취재가 그냥 손쉽게 이뤄진다면 어느 기자인들 그런 식으로 이야기를 하지 못할 것이다. 한마디로, 신고했던 기자는 취재를 위한 노력이 모자랐다고밖에 할 수 없다.

여기서 가정을 해 보자. 만약 정유라 씨가 기자의 인터뷰에 응했다면 어떻게 되었을까? 기자는 인터뷰를 마친 뒤 신고를 했을까? 그래서 인터뷰도 단독, 체포되는 것도 단독이라고 보도했을까? 그럴 경우 기자는 만나 주지 않은 것에 대한 보복으로 신고를 했다는 오해를 살 수도 있다.

앞에서 기자의 역할이 무엇인가에 대해 미국 사례들을 들면서 길게 적었다. 기자는 중립적 관찰자의 역할에 더 충실해야지 참여자나 운동가처럼 행동해서는 안 된다는 것을 『뉴욕 타임스』의 경우에서 알 수 있었다. 더욱이 매사추세츠 주법의 경우 미국 사회는 언론인이 신고보다는 취재·보도에 더 치중하도록 배려를 하고 있음을 알 수 있었다. 한국의 한 기고자도 "신고하기로 했으면 보도를 하지 말았어야 한다"며 관찰자로 남았어야 했다고 주장했다.

이번 덴마크 경찰에 신고한 것은 기자의 역할의 차원에서만 논의할 문제는 아니다. 보다 근본적으로 기자의 기본 취재 능력의 차원에서 먼저 논의되어야 할 사안이다. 그 기자가 좀 더 뛰어난 취재 근성을 발휘했다면 신고에 이르지 않았을 수도 있었기 때문이라고 보기 때문이다. 그 기자가 혼신의 노력을 다했음에도 불구하고 자신의 목적인 인터뷰를 도저히 할 수 없을 뿐 아니라, 상대가 어디론가 떠나려는 움직임을 보이는 급박한 상황이라면 신고를 할 것인가 말 것인가 고민할 수도 있었을 것이다. 그때서야 기자가 중립적 관찰자여야 하는가 아니면 개입자로서 적극 행동에 나서야 하는가, 기자의 역할에 관한 고민이 시작되었을 것이다.

당시 모든 상황이 제대로 보도되었는지는 모르나, 기자의 인터뷰를 보면 그렇게 급박한 현장은 아니었던 것이 분명해 보인다. 결국 기자가 취재의 기본을 제대로 갖추고 행동했느냐를 따지는 것이 먼저이다. 기자의 본분, 역할을 확실히 알고 그것에 따라 행동했느냐를 따지는 것은 무의미하다. 그것은 지나치게 높은 가치를 이 해프닝에 부여하는 것이 된다.

이런 여러 가지를 깊이 생각해 봤는지 모르지만, 그 기자의 소속사가 단독보도임을 내세우는 등 언론이 기자를 영웅시하는 것은 문제가 있다. 무슨 일등공신이고 활약상이 두드러졌나? 부끄러운 표현들이다. 미국의 경우와 비교해 보라. 안타까운 현실이지만 한국 언론은 아직 갈 길이 멀어도 한참 멀어 보인다.

"아군의 전세가 불리하다고 하여

종군기자가 총을 들고 싸우기를 바라는가?

언론의 불의 고발은, 사정기관이 아니라

온 세상을 상대로 해야 한다."

10

왜 두들겨 맞았을까?

집회 현장을 취재하기 위해 나간 언론사 기자들이 '기자라는 이유만으로' 무차별 구타를 당했다.

태극기집회를 취재하는 기자 중에는 노란 리본을 달았다는 이유만으로 "빨갱이"라는 소리와 욕설, 폭언을 듣기도 했습니다. 일부 기자들은 태극기 등으로 위협받는 일이 다반사로 이어지고 있습니다. 언론을 신뢰하지 못하고 자신들의 성향과 맞지 않는다는 이유만으로 기자를 폭행하는 일은 절대 벌어지면 안 됩니다. 민주주의에서 가장 중요한 언론 자유를 그들 스스로 막고 있는 셈입니다.

헌법재판소 담장 밖에서 취재하던 중 겪은 일이다. 맑은 물에 떨어트린 검은 잉크처럼 폭력은 순식간에 광장 전체로 번졌다. 한 방송사 오디오맨은 멱살이 잡힌 채 끌려 다녔다. 다른 기자는 참가자가 휘두른 사다리에 머리를 맞았다. […] 그 폭행과 방치가 헌법상 언론의 자유를 짓밟고 있다는 점도 지적하고 싶다. 언론의 자유에 대한 합의는 우리 사회의 중요한 헌법적 기틀 중 하나다. 기자를 포함한 모든 인간은 폭력으로부터 보호받아야 하는 것처럼 말이다. 지금 또 하나의 '심각한 헌법 훼손'이 자행되고 있다. 폭력을 방관하는 광장에 민주주의가 설 자리는 없다.

위의 보도처럼 기자들은 곳곳에서 얻어맞거나 욕을 먹었다. 헌법재판소 앞과 박근혜 전 대통령 자택 앞에서뿐 아니라 심지어 박 전 대통령이 구속 수감되어 있는 서울구치소 앞에서도 같은 일이 벌어졌다. 그렇다. 폭력은 있을 수 없는 일이다. 어떤 것도 폭력을 정당화할 수 없다. 그런 폭력이 언론 자유를 훼손하고 있다. 헌법을 훼손하고 있다. 절대적으로 맞는 말이다.

폭력은 폭력일 뿐

한국에서 기자들에 대한 폭력은 오랜 역사를 갖고 있다. 군사독재 시절 수많은 반정부 시위가 벌어졌다. 거의 날마다 서울 도심에서, 대학가에서 격렬한 데모가 일어났다. 그 당시 기자들이 시위 군중으로부터 두들겨 맞거나 욕설을 들었다는 보도가 많았다. 기자들은 마치 동네북 취급을 당했다고 한다. 시위대들에게 미움받는 동시에, 위세가 대단했던 경찰들에 의해서도 시위 현장에서 기자들이 얻어맞거나 이리저리 쫓겨 다녔다는 보도도 적지 않았다.

당시 언론은 국민들의 신뢰를 얻지 못하고 있었다. 독재 정권의 나팔수, 하수인으로 취급되었다. 독재정권에 항거하는 언론과 기자들이 없지는 않았다. 그러나 대다수 국민들은 정부가 발표하는 대로, 시키는 대로 보도하는 관제언론으로밖에 생각하지 않았다. 이 언론을 보나 저 언론을 보나 허구한 날 똑같은 뉴스만 보도하니 그럴 수밖에 없었다. 그러니 경찰들마저 기자들을 우습게 본 것이다.

그때의 시위 군중은 경찰의 과잉진압에 대한 자위적 수단으로 행동한 것을 언론이 폭력시위로 모는 등 왜곡보도를 하고 있다고 판단했다. 언론이 독재의 하수인이 되어 반정부 시위대를 폭도로 몰고 가고 있다고 생각했으니 언론이 미울 수밖에 없었을 것이다. 그렇다고 해서 폭력이 정당화될 수 없었다. 그 당시에도 언론은 시위대의 폭력을 비판하면서 언론자유를 훼손하는 행위가 어떤 경우에도 재발되어서는 안 된다고 목소리를 높였다.

지금이나 군사독재 시절이나 모두 기자들에 대한 폭력은 언론의 과장, 편향, 왜곡 보도 때문에 일어났다고 할 수 있다. 물론 폭력을 행사한 사람들의 성향이나 이념 등은 판이할 것이다. 그렇다고 저쪽의 폭력은 더 나쁘고 이쪽의 폭력은 그래도 명분이 있는 것이라고 할 수는 없다. 둘 다 폭력은 폭력에 지나지 않기 때문이다.

왜 지금의 기자들은 시위 현장에서 두들겨 맞거나 욕설을 듣는지, 진지하게 생각해 봤는가? 왜 나이가 많은 시위 참가자들이, 세상을 살 만큼 산 그들이 나이 어린 기자들을 미워하고 배척하는지 고민해 봤는가? 김평우 변호사가 기자들에게 "쓰레기 기자 꺼져라"라고 고함을 쳤다. 그는 기자들에게 "언론의 기초를 알아야 한다"고 말했다. 그는 "양측의 의견을 똑같이 보도하는 게 언론인데, 당신들은 지금까지 한 번도 그렇게 한 적이 없다"고도 말했다. 언론은 여지없이 "기자들에게 막말 한다"고 공격했지만 그의 말이 무엇을 의미하는지 곱씹어 봤는가?

탄핵 반대 시위에 참가하거나 여러 가지 형태로 탄핵 반대 의견을 공개적으로 밝혔던 사람들은 언론이 자신들을 막말만 하는, 아무데서나 행패를 부리는 이상한 사람으로 몰았다고 생각한다. 정확하지 않은 사실, 일방적인 의견만을 전달하거나, 한쪽만을 칭찬하고 자기들에 대해서는 일방적 매도, 비하, 모욕 등을 했다고 생각한다. 시간이나 지면 크기 등에서 촛불집회와 비교가 안 될 정도로 태극기집회를 축소보도했으며, 기사 제목이나 내용에서도 냉소가 지배했다고 생각한다. 시위대 숫자 보도에서도 마찬가지였다고 생각한다.

조폭보다 무서운 '펜폭'

한 방송은 "경찰은 탄핵 찬성 집회에 2만 4천 명, 반대 집회에 3만 5천 명이 모였다고 발표했습니다. [...] 그런데 당시 경찰 추산 인원에 대한 비판이 많았잖아요? 이게 사실일까요? [...] 결국 촛불집회는 축소하고, 친박 집회는 어느 정도 그대로 집계하면서 친박 집회에 더 많은 사람이 모인 듯한 왜곡이 일어난 겁니다"라고 보도했다. 나름대로의 계산을 제시하면서 경찰이 숫자를 축소했다고 비판했다. 그러면서 앵커는 "경찰이 사용하는 계산법대로 그대로 했다는 거잖아요. 이런 걸 계산하고 있어야 되는지 잘 모르겠는데"라고 말했다. 경찰이 태극기집회보다 촛불집회 참석 숫자를 적게 발표한 것이 못마땅하다는 보도였다. 어느 집회든 경찰이 추산 숫자를 발표 안 한 적이 있었는가? 새삼스럽게 왜 딴죽을 거나? 앵커의 마지막 말에는 불편한, 편파적 심사가 그대로 드러났다.

신문은 "태극기집회 500만 명? 해도 너무한 '뻥튀기'"라고 공격하며 주최측 산정에 의문을 표시했다. 맞는 지적이다. 하루에 그 많은 인원이 모인 것은 상식에 맞지 않다. 주최측의 지나친 과장이라고 할 수밖에 없다. 그러나 다른 매체는 "2016년 마지막 날 촛불집회 연 참가인원이 1천만 명을 돌파했다. [⋯] 퇴진행동 쪽은 이날 저녁 9시 기준 90만 명 이상 시민들이 서울에 집결했고 이외 지역엔 10만 명 이상 모인 것으로 집계됐다고 밝혔다. 지난주 9차 범국민행동까지 모였던 연인원은 895만 명이었다. 경찰은 이날 저녁 9시 45분 기준 탄핵 찬성 집회에 최대 6만 5천 명의 시민이 모였다고 밝혔다"고 보도했다. 이 보도는 주최측의 추산을 그대로 수용했다. 경찰이 추산한 숫자보다 15배나 많은 것은 상식에 맞는 것인가? 그 추산에 대해 어떤 문제를 지적한 적이 있는가?

탄핵 반대 시위에 참석한 사람들은 언론이 촛불시위 참석 숫자는 주최측 주장을 계속 그대로 보도하면서 자기들 숫자만 문제 삼는다고 주장한다. 과장은 마찬가지인데 한쪽 편만을 드는 편파가 지나치다는 것이다.

이런 갖가지 이유 때문에 그들은 기자들에게 심한 폭력을 당했다고 분개하는 것이다. 언론의 언어폭력에 의해 씻을 수 없는 상처를 입었다고 분노하는 것이다. 기자들이 근거도 없는 헛소문과 온갖 선입견, 편견으로 물든 기사로 무차별 공격하는 것은 언론자유이며, 자기들이 공격하는 것은 언론자유 훼손이며 헌법의 훼손이냐고 반문하는 것이다.

그 어느 직업보다 기자들은 외부로부터의 제재나 직업적 징벌 없이 자신들이 좋고 싫어하는 것에 대해 많은 말을 할 수 있다. 그러나 착각하지 말라. 언론이나 기자들의 언론자유에도 한계가 있다. 시위 군중의 폭력을 나무라는 것과 동시에 자신들의 폭력에 대해서도 진지하게 반성할 필요가 있다.

"왜 기자를 째려봐?"

그러면 기자들을 째려보지도 못하는가? 존경스러운 눈으로 봐야 하는가? 인간에게는 표현의 자유가 있다. 이게 말이 되는 기사인가? 우병우는 검찰 조사 결과 범죄가 드러나면 사법처리되지 않겠는가. 시시콜콜한 기사 그만 하라.

파다 파다 못해서 눈 똑바로 뜨는 것까지 시비 거는가.

기자가 무슨 왕조시대, 평민이 임금님의 용안을 쳐다보지도 못하던 시대의 제왕이라도 된 양 처신하지 마라.

째려보든 노려보든 그것은 우병우의 자유의지 아닌가. 그것도 괘씸죄로 처넣을 것인가? 언론이 무소불위의 권력인가? 아니면 갑질 아닌가.

이쯤 되면 보도하는 것이 아니라 시비 거는 것이다. 한국의 길거리 가다가 양아치들 눈 마주쳤는데 째려본다고 싸우려고 하는 뉴스를 본 적이 있는데 그것과 다를 게 뭐가 있나? 그냥 쳐다본 것도 째려봤다고 하고, 설령 째려봤기로서니 그게 뭐 어쩌라고.

웃으며 답할까? 그럼 뭘 믿고 웃는지 뻔뻔하다고 기사 쓸 테지.

우병우 전 민정수석이 영장실질심사를 받으러 가는 과

정에서 기자를 째려보았다고 비판한 기사들에 달린 댓글의 일부이다. 엄청난 숫자의 댓글 대부분이 위에 인용된 내용과 비슷했다.

'째려봄'을 다룬 보도를 보자.

우병우 전 수석은 21일 9시 30분쯤 영장실질심사를 받기 위해 서울중앙지방법원에 도착했다. 이때 우병우 전 수석을 기다리고 있던 취재진이 "구속되시면 마지막 인터뷰일 수도 있는데 한마디만 해 주시죠!", "최순실 씨는 왜 자꾸 모르신다고 하시는 거예요?"라고 질문을 던졌다. 물론 우 전 수석에게 가장 찔리는 송곳 질문이 아닐 수 없다. 이때 우 전 수석은 본능적으로 좌측에 있던 기자를 향해 분기탱천한 눈빛을 보냈다. '우병우 레이저'를 발사한 것이다.

우 전 수선이 쏘아 댄 이날 레이저는 과거 레이저와 비교하면 다소 차이가 있다. 우병우 전 수석은 과거 검찰 특별수사본부에 출석하면서 우측에서 질문하던 여기자에게 레이저를 쏘아 논란이 일파만파 확산됐다.

당당한(?) 국정 농단 주역들⋯ 조윤선·우병우, 취재진 향해 레이저 눈빛

우 전 수석의 째려봄은 국회에서도 문제가 되었다. 보도에 따르면 국회의 '최순실 청문회'에서 어느 의원은 "대한민국 역사에서 검찰에 출두하면서 그렇게 레이저 쏘는 사람이 없었다"며 "재벌들도 대통령도 하물며 최순실도 그런 사람이 없다. 안하무인이다"라고 지적했다고 한다. 우 전 수석은 "노려봤다기보다 여기자분이 갑자기 제 가슴 쪽으로 탁 다가와 굉장히 크게 질문해, (기자들에게) 둘러싸인 상태에서 놀라서 내려다본 것이다"라고 해명했다는 것이다.

"레이저 눈빛", "분기탱천한 눈빛". 이런 유치한 표현을 쓰다니. 한마디로 코미디 같은 상황이다. 기자를 쳐다봤다고 괘씸하다며 언론에다 국회까지 나서 법석을 떨고 그것을 해명하는 어처구니없는 나라가 이 세상에 달리 어디 있겠는가? 국회가 그렇게 할일이 없나? 달리 할 말이 없다. 기자들은 댓글들을 유심히 읽어 보길 바란다.

더욱 가관인 것은 "구속되시면 마지막 인터뷰일 수도 있는데 한마디만 해 주시죠!" 이걸 기자가 질문이라고 하나? 무죄추정의 원칙을 거론할 필요도 없다. 기자들은 겸손함도 예의도 잃어버렸다. 영장심사를 받으러 가는 사람에게 할 말인가? 기자면 아무 질문을 어느 때든지 마음대로 질문할 수 있다고 생각하는가?

오만과 무례를 열정과 혼동

"세월호 유가족에게 한말씀 없으셨습니까?"

민경욱 자유한국당 의원이 사저로 돌아간 박근혜 전 대통령의 대 국민 입장을 발표하자 어느 기자가 던진 질문이다. 상황 파악을 못 한 질문인가? 아주 짧게 국민에게 심경과 사과의 뜻을 밝히는데 기자는 왜 세월호 언급을 기대했는가? 대통령이 세월호 때문에라도 탄핵되는 것이 마땅하다고 생각했는가? 선입견과 의도가 담긴 질문이라 하지 않을 수 없다.

기자들은 자신들이 마치 국민들로부터 특별한 임무와 권리를 부여받고 기자 일을 하는 것으로 생각하는 경향이 있는 것 같다. 단순히 세상에서 일어나는 일을 알려주는 것이 아니라 보다 나은 세상으로 변화시키는 임무가 자신들의 뼛속까지 스며들어 있다고 생각하는 것처럼 보인다. 세상을 바꾸기 위해 노력하는 자신들의 목표에는 아무런 잘못이 없다는, 순교자적 태도를 갖는 것 같다.

그래서인지 기자들은 드높고 견고한 정치권력과 공권력, 경제권력의 벽에 맞서 싸운다는 자부심이 지나쳐 보인다. 마치 세상의 정의를 온통 독점하는 것처럼, 마치 애국은 자신들만이 하는 것처럼 행동하는 것 같다. 그런 탓인지 사건들을 목격하고 취재하면서 기자들은 자신들만의 잣대에 따라 사건을 판단하고 기사를 만드는 것이 당연하다고 생각하는 것 같다. 자기 목소리를 강하게 내는 것이, 감정을 강하게 표현하는 것이 의식과 열정이 있는 기자라고 잘못 인식하고 있는 것 같다. 냉소와 회의를 잘 구별하지 못하는 것 같다. 취재 과정에서 거칠게 함부로 행동하는 것이 도전적이고 저돌적으로 세상을 파헤치는 기자라고 착각하는 것 같다. 취재 상대가 가진 인간의 기본 가치나 인격, 명예 등을 쉽게 무시하기 일쑤이면서도 무엇이 잘못되었는지를 못 깨닫는 것처럼 보인다.

그래서 기자들은 얼마나 쉽게 힘있는 사람이나 집단들에 의해 자기들이 통제되고 조종당하는지를 잘 모른다. 자기들이 얼마나 조소당하고 경멸당하는지를 잘 모르는 것 같다. 다른 사람들이 으레, 그들이 얼마나 고상한 임무를 수행하며 그러기 위해 얼마나 힘들게 일하는지를 이해하고 존경하는 줄로 착각한다.

언론의 기본적 태도는 "나는 언론인이다. 고로 권위자이다"이다. 남의 인권과 명예를 훼손한 부정확한 기사에 대해 기자들이 자진해서 사과하는 것은 대단히 드문 일이다. 마치 기자가 된다는 것의 의미는, 미안하고 잘못되었다는 소리를 안 하는 것이라고 생각하는 듯하다. 기자들은 진실을 말했기 때문에 미움받는다고 얘기한다. 그래서 기자들을 끊임없이 따라다니는 원죄는 오만함이다. 그들은 자신들의 어느 정도의 오만함이 언론을 위해 필요하다고 생각한다. 오만함을 자신감 넘치는 투지로 착각하기도 한다. 그런 잘 못된 정신과 문화가 한국 언론에 너무 넓고 깊게 퍼져 있는 것으로 보인다. 그래서 '기자와 언론'이 되는 것이 아니라 '언론독재자'가 된다. 정직하고 공정하며 객관적인 언론인이 아니라 남의 의견과 인격, 명예, 인권을 함부로 무시하고 경멸하는 냉소꾼, 어설픈 운동꾼처럼 되어 버렸다. 그러한 언론은 민주주의의 적이다.

겸손 없는 특권은 갑질

언론에게는 '제4부府'니 '감시견'이니 하는 거창하고도 고상한 상표가 붙어 있으나, 기자들 누구도 다른 사람을 감시하도록 민주적 선거에 의해 뽑힌 사람은 없다. 그저 우연히 직업인으로서 기자가 되었을 뿐이다. 기자는 그저 국민의 한 사람일 뿐이다. 그러므로 다른 국민들이 가진 의무와 책임을 기자도 똑같이 가진다. 신문이니 방송이니 하는 조직화된 소통 채널을 활용하는 것은 기자의 그냥 권리가 아니라 차라리 특권이다. 그래서 오만하면 안 된다. 특권을 누리는 만큼 겸손해야 한다. 자칫하면 특권을 오용하거나 남용한다는 비판을 듣기 십상이기 때문이다.

특히 기자들은 적대적인 기관이나 문제투성이인 사람들을 파헤칠 때일수록 더 투명하고 합법적인 취재 방법과 기술을 사용함으로써 기자와 언론의 진정성과 성실성을 보여야 한다. 그러한 '기자의 선線'을 넘지 않도록 자신을 제어해야 한다. 나의 균형감각은 어떤지 늘 자문自問해야 한다. 기자가 되는 것이 남의 사생활이나 인권, 인격, 인간의 존엄성을 아무렇게나 침범할 수 있는 권리를 얻는 것이라고 착각해서는 안 된다. 기자에게 주어지는 출입증 등 갖은 편의나, 검찰청사 앞에서 마이크를 잡고 조사받으러 온 사람들에게 질문을 던지는 기회를 갖는 것은 권리가 아니라 과분한 특권이라 여기고 겸손해야 한다.

기자들이여, 제발 함부로 거칠게 행동하지 마라. 비합리적, 비이성적 질문이나 요구를 하지 마라. 어느 장소에서든, 내가 물은 어떤 질문에도 모두들 대답해야 한다고 생각하는가? 밤이든 낮이든 가리지 않고 언제든지 전화하면 내가 원하는 해답을 주어야 한다고 생각하는가? 모든 취재원들이 기자 앞에서는 조아리듯 행동해야 한다고 생각하는가? 그럴수록 적대감만 불러일으킬 뿐이다. 이것은 취재 기술이나 전략의 문제가 아니다. 기자 생존을 위한 본질의 문제이다. 특권을 오용도 남용도 하지 마라. 그대들도 존경받는 직업인이 되어야 하지 않는가.

2015년 미국 『워싱턴 포스트』의 한 기자는 다음과 같이 썼다.

"이것은 공식적이다: 거의 모든 사람들이 언론을 몹시 싫어한다."

그가 이렇게 강력한 어조로 말한 근거는 2014년 갤럽 조사였다. 그 조사는 국민들의 언론에 대한 지지도가 '겨우' 40퍼센트밖에 되지 않았다는 것이다. 조사 이래 최저치였다.

그러나 그로부터 겨우 2년 만에 신뢰도는 더 크게 떨어졌다. 2016년 갤럽 조사에서 언론 신뢰도는 32퍼센트에 지나지 않았다. 1972년 조사를 시작한 이래 최저치였다. 최고점을 기록한 1976년 72퍼센트의 절반에도 훨씬 못 미치는 수치였다. 국민들이 언론을 갈수록 더 싫어하고 있는 것이다.

우리나라는 어떨까? 탄핵 사태, 최순실 게이트 등을 겪으면서 한국 언론은 국민들로부터 어떤 평가를 받을지 궁금하다. 공신력 있는 곳에서 정확한 조사를 해 국민들과 언론에게 알려주었으면 좋겠다.

바람보다 먼저 누운 언론
탄핵 정국 100일간의 기록

1판 1쇄 발행일 2017년 4월 20일

지은이	언론을 걱정하는 포럼
펴낸이	안병훈
펴낸곳	도서출판 기파랑
디자인	커뮤니케이션 울력
등 록	2004년 12월 27일 제300-2004-204호
주 소	서울특별시 종로구 대학로8가길 56(동숭동 1-49) 동숭빌딩 301호
전 화	02-763-8996(편집부) 02-3288-0077(영업마케팅부)
팩 스	02-763-8936
이메일	info@guiparang.com

ISBN 978-89-6523-695-5 03300